附屬品

소태산 대종경
마음공부

15 · 부촉품

글·균산 최정풍 교무

머리말

『대종경大宗經』은 원불교 교조인 소태산少太山 박중빈朴重彬 대종사大宗師의 언행록입니다. 원기47(서기1962년)에 완정하여『정전正典』과 합본,『원불교교전』으로 편찬 발행되었습니다.『정전』이 소태산 대종사가 직접 저술한 원불교 제1의 경전이라면『대종경』은 그의 사상 전반을 이해할 수 있는 제2의 대표 경전입니다. 소태산 대종사의 열반 원기28년, 서기1943년 후『대종경』 편찬에 신속히 착수한 제자들의 노력 덕분에 소태산 대종사의 생생한 말씀과 행적이 온전하게 세상에 전해지게 되었습니다.

소태산의 수제자 정산鼎山 종사는 "정전은 교리의 원강을 밝혀 주신 '원元'의 경전이요, 대종경은 두루 통달케 하여 주신 '통通'의 경전이라"고 설한 바 있습니다. 원리적인 가르침을 압축해놓은『정전』의 이해를 도와주는 필독 경전이라고 할 수 있습니다.

『대종경』은 별다른 해석이나 주석 없이 그냥 쉽게 읽을 수 있는 경전입니다. 하지만 요즘 사람들에게는 낯선 한자 용어에 대한 설명이나 내용 이해를 돕는 부연 설명이 경전 읽기에 도움이 될 수도 있겠다는 생각으로 이 책을 집필하게 되었습니다.

또한 이 책은『대종경』을 처음 공부하는 이들이 좀 더 쉽게 내용을 파악하도록 돕기 위해서 기획되었습니다. 그런 이유로 첫째,『대종경』 원문의 문장을 새롭게 편집했습니다. 기본적인 편집 방식에서 벗어나 문단을 왼쪽 정렬로 하고 필자 임의로 문단 나누기, 문장 나누기, 띄어쓰기했습니다. 둘째, 어려운 용어들은 사전적 풀이를 요

약해서 원문 아래에 각주를 달았습니다. 셋째, 원문에 대한 필자의 부연 설명을 시도했습니다. 이 내용들은 매우 주관적인 해석이라는 한계를 갖고 있습니다. 다른 참고 교재들을 충분히 참고할 것을 권장합니다. 넷째, 경전 내용의 실생활 활용에 방점을 둔 질문들을 해보았습니다. 경전의 내용 파악을 돕기 위한 질문들도 있지만 자신의 삶을 성찰해야만 응답할 수 있는 질문들도 포함되었습니다. 이에 대한 대답은 독자마다 다를 것이고 독자들의 공부 정도에 따라서도 달라질 것입니다. 특정한 정답보다는 최선의 답이 필요합니다. 이런 질문에 응답하는 과정에서 공부가 깊어지기를 바랐습니다. 경전 공부가 더 많은 자문자답으로 이어지기를 기대합니다.

　이 책은 주로 교화자로서 살아온 필자가 교화자의 관점에서 쓴 교화교재입니다. 여기 담긴 필자의 견해는 교단의 공식적 견해와는 무관합니다. 현명한 독자들께서 이런 점들을 감안하여 공부의 한 방편으로 활용해주시길 바랍니다. 부족하거나 틀린 내용에 대해서는 여러분들의 가르침을 기다리겠습니다. 아무쪼록 이 작은 책이 주세불 소태산 대종사의 심통제자心通弟子가 되는 데 겨자씨만한 도움이라도 되기를 기원합니다. 출판을 도와주신 모든 분들의 은혜에 깊이 감사합니다.

소태산 마음학교 원남교실 경원재에서
원기109년(서기2024) 4월 10일 균산 최정풍 교무 합장

『대종경』 공부를 하기 전에 「원불교 교사敎史」 일독을 권합니다. 『대종경』은 언행록言行錄이지만 관련 상황에 대한 자세한 설명은 생략된 경우가 많습니다. 교사를 읽으면 법문의 전후 상황을 파악하는 데 큰 도움을 받을 수 있습니다.

다음은 『대종경大宗經』 공부에 도움이 될 만한 대표적인 해설서 및 참고 도서입니다.
『원불교대종경해의』(한정석, 동아시아, 2001),
『대종경풀이』(류성태, 원불교출판사, 2005),
『주석 대종경선외록』(편저 이공전, 주석: 서문성, 원불교출판사, 2017),
『초고로 읽는 대종경』(고시용, 원불교출판사, 2022),
『원불교교고총간』(원불교출판사, 1994),
『대종경 강좌上·下』(조정중, 배문사, 2017) 등이 있습니다.

법문과 원불교 용어 설명 대부분은
'원불교' 홈페이지 http://won.or.kr/'경전법문집', '원불교대사전' 내용을 인용했습니다. 그 밖에는 '네이버 사전' http://naver.com 에서 인용했습니다.
필자가 쓴 부분은 '필자 주'로 표기했습니다.

'나의 마음공부'란에는 몇 가지 질문을 실었지만 답을 싣지는 않았습니다. '자문자답'이 더 중요하다고 생각했습니다. 답을 찾는 과정이 '교당내왕시 주의사항'을 실천하는 계기가 되기를 기대합니다. 먼저 자력으로 답을 해보고, '교화단'에서 회화도 하고, 교화단장이나 교무 등 지도인과 문답問答·감정鑑定·해오解悟를 하기 좋은 소재가 되기를 기대합니다.

본문의 문체는 최대한 구어체를 사용했습니다. 독자와의 거리감을 줄이려는 노력이지만 전통적인 문법에는 맞지 않을 수 있습니다. 양해를 구합니다.

이 책을 '경전' 훈련을 위한 교재, '자습서' 삼아서 밑줄도 치고 필기도 하면서 편리하게 활용해주시면 감사하겠습니다.

▶ YouTube '소태산 마음학교'에서 대종경 관련 동영상 시청이 가능합니다.

- 이 책은 故서홍, 최말임교도님 가족의 후원으로 출판되었습니다.
  은혜에 감사합니다.

부족품
附屬品

목차

부촉품 1장 : 먼 수양길 　　　　　　　　　　　　　　　　　8
부촉품 2장 : 후일에 유감이 없게 하라 　　　　　　　　　　14
부촉품 3장 : 정전의 편찬을 자주 재촉하시며 　　　　　　　18
부촉품 4장 : 피가 되고 살이 되게 하라 　　　　　　　　　24
부촉품 5장 : 내가 여기에 오래 머무르기 어렵겠노라 　　　28
부촉품 6장 : 무서운 중근의 고개 　　　　　　　　　　　　32
부촉품 7장 : 외길로 나아가야 성공이 있으리라 　　　　　40
부촉품 8장 : 끝까지 정진할 서약들을 다시 하라 　　　　　44
부촉품 9장 : 구미호 　　　　　　　　　　　　　　　　　　50
부촉품 10장: 이 회상이 가장 판이 크므로 　　　　　　　　54
부촉품 11장: 마음에 유감되는 바 셋이 있으니 　　　　　　58
부촉품 12장: 도가에 세 가지 어려운 일 　　　　　　　　　62
부촉품 13장: 성인이 떠난 뒤에야 　　　　　　　　　　　　66
부촉품 14장: 어서어서 참다운 실력을 얻어 　　　　　　　70
부촉품 15장: 우리의 사업 목표는 교화·교육·자선 　　　　80
부촉품 16장: 교리의 대강령인 삼학 팔조와 사은 　　　　　86
부촉품 17장: 일반 대중을 고루 화하게 　　　　　　　　　92
부촉품 18장: 만고 후세에 이 법통이 길이 끊기지 않게 　　98
부촉품 19장: 삼위일체 　　　　　　　　　　　　　　　　104

대종사 여러 제자에게 말씀하시기를
[내가 그대들을 대할 때에 더할 수 없는 인정이 건네는 것은
수많은 사람 가운데 오직 그대들이 남 먼저 특별한 인연을 찾고
특별한 원을 발하여 이 법을 구하러 온 것이요,
같이 지내는 가운데 혹 섭섭한 마음이 나는 것은
그대들 가운데 수도에는 정성이 적어지고 다른 사심을 일어내며
나의 지도에 잘 순응하지 않는 사람이 생기는 것이라,
만일 그와 같이 본의를 잊어버리며 나의 뜻을 몰라주다가
내가 모든 인연을 뿌리치고 먼 수양길을 떠나 버리면 그 어찌하려는가.
그때에는 아무리 나를 만나고자 하나 그리 쉽지 못하리라.
그런즉, 그대들은 다시 정신을 차리어 나로 하여금 그러한 생각이 나지 않도록 하라.
해탈한 사람의 심경은 범상한 생각으로 측량하지 못할 바가 있나니,
무슨 일이나 그 일을 지어 갈 때에는
천만 년이라도 그곳을 옮기지 못할 것 같으나
한 번 마음을 놓기로 하면 일시에 허공과 같이 흔적이 없나니라.]

『대종경』「부촉품」1장

• **부촉 附屬** : 부탁하여 맡김.

먼 수양길 | 풀이 |

대종사 여러 제자에게 말씀하시기를
[내가 그대들을 대할 때에 더할 수 없는 인정이 건네는 것은
수많은 사람 가운데 오직 그대들이 남 먼저 특별한 인연을 찾고
특별한 원을 발하여 이 법을 구하러 온 것이요,

소태산 대종사님께서 제자들에게 각별한 인정을 느끼는 까닭을 말씀하십니다.
먼저 제자들이 '남 먼저 특별한 인연을 찾'아왔기 때문입니다.
'특별한 인연'이란 대종사님이나 우리 회상을 의미합니다.
제자들이 찾아온 것에 대한 대종사님의 고마운 마음이 느껴지는 대목입니다.
더구나 제자들이 '특별한 원을 발하여 이 법을 구하러 온 것'에 대해서도
각별한 의미를 부여하십니다.
'수많은 사람 가운데' 인연을 맺는 것도 특별한 일인데,
단순한 인연 맺음이 아니라 성불제중을 서원하는 법연으로 만난 것에 대해
'더할 수 없는 인정'을 느끼심을 솔직하게 표현하십니다.

인간으로 태어나기가 어렵고, 인간으로 태어났으나 불법을 만나기가 어려우며,
인간으로 태어나 불법을 만났으나 직접 가르침을 받기가 매우 어렵다는
불가의 '세 가지 어려움'(삼난三難)이 생각나는 말씀입니다.

같이 지내는 가운데 혹 섭섭한 마음이 나는 것은
그대들 가운데 수도에는 정성이 적어지고 다른 사심을 일으키며
나의 지도에 잘 순응하지 않는 사람이 생기는 것이라,

'인정이 건네는' 이유와 달리 '섭섭한 마음'이 나는 이유에 대해서도 말씀하십니다.

'수도에 정성이 적어지'는 것과 대종사님의 '지도에 잘 순응하지 않는' 점입니다.
은혜로운 만남이 이뤄졌지만 그 만남의 목적과는 다른 제자들의 태도를 대할 때
'섭섭한 마음'이 난나는 진솔한 말씀입니다.
새 회상에서 스승을 만나 성불제중·제생의세의 원을 이루려면
대종사님의 '지도'를 잘 따라야 하는데 '사심'을 내서 순응하지 않으니
이런 경우에는 사제간의 소중한 만남이 의미를 잃을 수 있습니다.

만일 그와 같이 본의를 잊어버리며 나의 뜻을 몰라주다가
내가 모든 인연을 뿌리치고 먼 수양길을 떠나 버리면 그 어찌하려는가.
그때에는 아무리 나를 만나고자 하나 그리 쉽지 못하리라.

대종사님은 회상에 찾아온 '본의'를 망각한 제자들을 타이르십니다.
여기서 '먼 수양길'이란 대종사님의 열반 즉 죽음을 의미합니다.
'내가 열반하면 다시 만날 수도 없고, 나의 지도를 받을 수도 없다.'라는 말씀과
같습니다.

대종사님께서는 부처와 성현님들이 '생사 거래를 자유'한다고 자주 설하셨습니다.
'그러한 성현들은 심신의 거래를 자유자재하시는지라 일의 순서를 따라 나신 국토에 다시 나기도 하고 동양에나 서양에 임의로 수생하여 조금도 구애를 받지 아니하시나니라.' - 「변의품」30장

'만일 천상락을 오래오래 계속한다면, 결국은 심신의 자유를 얻어서 삼계의 대권을 잡고 만상의 유무와 육도의 윤회를 초월하여 육신을 받지 아니하고 영단(靈丹)만으로 시방세계에 주유할 수도 있고, 금수 곤충의 세계에도 임의로 출입하여 도무지 생사 거래에 걸림이 없으며, 어느 세계에 들어가 색신을 받는다 할지라도 거기에 조금도 물들지 아니하고 길이 낙을 누릴 것이니 이것이 곧 극락이니라.' - 「불지품」16장

이 법문들 외에도 『정전』과 『대종경』 여러 곳에서 '마음의 자유'가 '거래의 자유'로 이

어지고 '거래의 자유'가 '생사의 자유'로 이어짐을 설하십니다.
요컨대, 마음의 자유를 확실히 얻은 불보살과 성현은 마음대로 생사를 자유할 수 있는 것입니다.
이 법문은 대종사님께서 이 세상에서 제자들과 함께 지내시다가도
'수양길'을 떠나겠다는 마음을 내면 이 세상을 바로 떠나실 수 있음을 암시합니다.

그런즉, 그대들은 다시 정신을 차리어 나로 하여금 그러한 생각이 나지 않도록 하라.

대종사님께서 자신이 '먼 수양길을 떠나 버리'려는 생각을 하지 않도록
제자들에게 '다시 정신을 차리'라고 경계하십니다.
즉, 수도에 정성을 들이고, 스승의 지도에 순응하라는 말씀입니다.
사제간에 소중한 법연으로 만났지만 그 만남의 의미가 퇴색될 것을 염려하십니다.

해탈한 사람의 심경은 범상한 생각으로 측량하지 못할 바가 있나니,

제자들의 생각과 전혀 다른 취사를 대종사님께서 하실 수 있음을 암시합니다.
'해탈解脫'이란 '일체의 심적心的 구속과 속박으로부터 벗어나 자유롭게 되는 것.
삼독심·오욕 등으로부터 벗어나는 것은 물론 죽음 앞에서도 초연하고 담담해질 수 있는 마음 상태.' - 『원불교대사전』를 말합니다.
'해탈한 사람의 심경'을 범부들의 '범상한 생각'으로 '측량하지 못'하는 이유는
범부들의 마음으로는 해탈한 사람의 마음을 이해하고 추측하기 어렵기 때문입니다.
경계에 응하는 방식이 전혀 다르기 때문입니다.
가치의 우선순위도 다르고 일의 선후본말도 서로 다릅니다.

무슨 일이나 그 일을 지어 갈 때에는
천만 년이라도 그곳을 옮기지 못할 것 같으나
한 번 마음을 놓기로 하면 일시에 허공과 같이 흔적이 없나니라.]

해탈한 사람의 심신작용을 예를 들어서 설명하십니다.
일을 추진할 때는 영원히 그 일에 집착할 것같이 하다가도
마음을 놓으면 그 일을 '일시에 허공과 같이 흔적이 없'이 놓아버린다는 말씀입니다.
범부들은 그동안 쏟은 정성이 아까워서도 그렇게 못할지 몰라도
'해탈한 사람'은 마음의 자유를 얻었기에 자유로운 심신작용을 합니다.
처음부터 주착(住著)한 바 없이 일을 시작했으므로 일을 놓는 것도 어렵지 않습니다.
'범상한 생각'으로는 '해탈한 사람'의 행동이 예상 밖으로 놀라울 수 있지만,
'해탈한 사람'은 '온전한 생각으로 취사'했을 뿐입니다.
대종사님께서 제자들 곁을 '일시에', '흔적' 없이 떠날 수 있음을 암시하십니다.

나의 마음공부

• 나는 어떤 '특별한 서원'을 세웠나요?

• 나는 대종사님 또는 우리 회상과 어떻게 인연을 맺게 되었나요?

• 나도 '수도에 정성이 적어지고 다른 사심을 일어내'고 있지는 않나요?

• 내가 의지하는 스승님이 '먼 수양길을 떠나 버리면' 나는 어떻게 해야 할까요?

원기 이십 육년(1941) 일월에 대종사 게송偈頌을 내리시고 말씀하시기를
[옛 도인들은 대개 임종 당시에 바쁘게 전법 게송을 전하였으나
나는 미리 그대들에게 이를 전하여 주며,
또는 몇 사람에게만 비밀히 전하였으나
나는 이와 같이 여러 사람에게 고루 전하여 주노라.
그러나, 법을 오롯이 받고 못 받는 것은 그대들 각자의 공부에 있나니
각기 정진하여 후일에 유감이 없게 하라.]

『대종경』「부촉품」2장

- 게송 偈頌 : 싼스끄리뜨 가타(gāthā)의 음사音寫인 게타偈佗의 게와 풍송諷頌의 송을 합하여 쓴 말. 일반적으로 운문체의 가요·성가·시귀·게문 偈文·송문頌文을 뜻한다. 깨달음(悟道)의 경지를 운문의 체재로 설한 것. 원불교의 게송에는 교조와 역대 종법사의 전법게송이 공전公傳으로 발표되어 있다. 소태산 대종사는 1941년(원기26) 1월에 '유는 무로 무는 유로 돌고 돌아 지극하면 유와 무가 구공이나 구공 역시 구족이라'는 일원상 게송을 전법게송으로 내리고, 정산종사는 1962년(원기47) 1월 열반에 당하여 '동원도리同源道理 동기연계同氣連契 동척사업同拓事業'의 삼동윤리三同倫理를, 대산종사는 1998년(원기83)에 '진리는 하나 세계도 하나, 인류는 한 가족 세상은 한 일터, 개척하자 하나의 세계'라는 '하나의 세계' 법문을 전법 게송으로 내렸다.(양현수 씀)『원불교대사전』

후일에 유감이 없게 하라 | 풀이 |

원기 이십 육년(1941) 일월에 대종사 게송(偈頌)을 내리시고 말씀하시기를

소태산 대종사님의 전법 게송은 『정전』에 실려있습니다.
"유(有)는 무(無)로 무는 유로
 돌고 돌아 지극(至極)하면
 유와 무가 구공(俱空)이나
 구공 역시 구족(具足)이라."-「게송」

제불제성의 교법은 대개 산문(散文)으로 기술됩니다.
하지만 시와 노랫말 같은 운문(韻文)으로 표현되기도 합니다.
많은 의미를 짧은 글에 응축해서 여러 사람에게 쉽게 전달할 수 있기 때문입니다.

[옛 도인들은 대개 임종 당시에 바쁘게 전법 게송을 전하였으나
나는 미리 그대들에게 이를 전하여 주며,

도인들이 자신이 깨달은 법을 후대에 전하기 위한 게송이 전법(傳法) 게송입니다.
대개는 열반 직전에 발표합니다.
하지만 대종사님은 여유있게 미리 전법 게송을 설했습니다.
열반일이 원기28년(서기1943년) 6월 1일이니 약 2년 반 앞서서 설하신 셈입니다.
대종사님께서 자신의 열반 시기를 예견하셨던 것으로 볼 수 있습니다.

또는 몇 사람에게만 비밀히 전하였으나
나는 이와 같이 여러 사람에게 고루 전하여 주노라.

원불교에선 이같이 '여러 사람에게 고루 전하여 주'는 것을 '공전公傳'이라고 합니다.
『원불교대사전』은 이를 '스승이 제자들에게 법을 전할 때에 한 사람에게만 은밀하게 전하는 것이 아니라 여러 사람에게 공개적으로 공동으로 전하는 것.'으로 풀이합니다.
예컨대, 중국 불교의 초조初祖 달마 대사가 이조二祖 혜가 대사에게,
혜가 대사는 다시 삼조三祖 승찬 대사에게 법을 전한 방식이 단전單傳이라면,
대종사님처럼 공개적으로 대중에게 법을 전하는 방식은 '공전公傳'인 것입니다.
교단의 지도자 선출도 당연히 공적으로 규정한 민주적 절차에 따라서 합니다.

그러나, 법을 오롯이 받고 못 받는 것은 그대들 각자의 공부에 있나니

'공전'의 방식으로 법을 전하기 때문에
'법을 오롯이 받고 못 받는 것은 그대들 각자의 공부'에 달린 것입니다.

" '성인이 나시기 전에는 도가 천지에 있고 성인이 나신 후에는 도가 성인에게 있고
성인이 가신 후에는 도가 경전에 있다' 하시었나니, 우연 자연한 천지의 도가 가장 큰
경전이니라." – 『정산종사법어』「무본편」52장 라는 정산 종사님 말씀과 같이,
대종사님께서는 '천지에 있는' 도를 깨달으시고 생전에 그 도를 전하시다가
'게송'이라는 형식으로 표현하여 '경전'에 담아서 전하신 것입니다.

그 법을 받는 것, 즉 도를 깨닫는 것은 '각자의 공부'에 달린 것입니다.
'법은 사정私情으로 주고받지 못할 것이요, 오직 저의 혜안이 열려야 그 법을
받아 들이나니,' – 「성리품」22장 라는 말씀과 일맥상통하는 법문입니다.

각기 정진하여 후일에 유감이 없게 하라.]

대도를 증득하신 스승님이 가르침을 주시고, 스승님과 문답·감정을 할 수 있을 때
정진해서 법을 전수해야 '후일에 유감이 없'을 것입니다.
열반을 앞두고 법을 전하려는 대종사님의 간절한 마음이 느껴지는 법문입니다.

나의 마음공부

• 왜 대종사님은 '미리' 전법 게송을 발표했을까요?

• 왜 대종사님은 전법 게송을 '몇 사람에게만 비밀히 전하'지 않으시고 '여러 사람에게 고루 전하여' 주셨을까요?

• 나는 대종사님의 '게송'을 어느 정도나 깨달아 알고 있나요?

• 나는 대종사님의 법을 온전히 전해 받기 위해 어떻게 공부할 계획인가요?

3

대종사 열반을 일 년 앞두시고
그동안 진행되어 오던 정전正典의 편찬을 자주 재촉하시며
감정鑑定의 붓을 들으시매 시간이 밤중에 미치는 때가 잦으시더니,
드디어 성편되매 바로 인쇄에 붙이게 하시고,
제자들에게 말씀하시기를
[때가 급하여 이제 만전을 다하지는 못하였으나,
나의 일생 포부와 경륜이 그 대요는 이 한 권에 거의 표현되어 있나니,
삼가 받아 가져서 말로 배우고,
몸으로 실행하고,
마음으로 증득하여,
이 법이 후세 만대에 길이 전하게 하라.
앞으로 세계 사람들이 이 법을 알아 보고 크게 감격하고 봉대할 사람이
수가 없으리라.]

『대종경』「부촉품」 3장

- **정전 正典** : 원불교의 기본경전으로, 구종교서九種敎書의 하나. 원불교의 교리강령은 소태산대종사의 대각에 의한 구세경륜으로, 그 경전은 소태산 만년에 친찬親撰하여 1943년(원기28) 『불교정전』으로 발간했는데, 이를 정화사에서 재결집하여 1962년(원기47) 그의 어록인 『대종경』과 함께 『원불교교전』으로 합간했다. 전권을 총서편總序編, 교의편敎義編, 수행편修行編으로 구성했다. 정산종사는 "정전은 교리의 원강을 밝혀 주신 '원元'의 경전이요, 대종경은 두루 통달케 하여 주신 '통通'의 경전이라"고 정의했다.
- **증득 證得** : 올바른 지혜로써 진리를 확실히 깨달아 얻는 것. 오득悟得·증오證悟라고도 한다. 진리의 당체를 확실히 깨달아 얻는 것.

정전正典의 편찬을 자주 재촉하시며 | 풀이 |

대종사 열반을 일 년 앞두시고
그동안 진행되어 오던 정전正典의 편찬을 자주 재촉하시며
감정鑑定의 붓을 들으시매 시간이 밤중에 미치는 때가 잦으시더니,
드디어 성편되매 바로 인쇄에 붙이게 하시고,

일본 제국주의의 압제 아래 새 종교의 경전을 발간하는 일은 쉽지 않았습니다.
일제는 자기들 입맛대로 내용 수정을 강요하고 출판 허가를 쉽게 내주지 않았습니다.
이루 헤아리기 힘든 역경 난경을 극복하고 출판에 이르게 되니
원기28년 8월 5일『불교정전』첫 권이 총부에 도착했습니다.
심혈을 쏟아 원고를 쓰시고 밤늦도록 교정까지 보신 대종사님은
끝내 실물 경전을 보지 못하셨습니다.
6월 1일에 열반하셨기 때문입니다.

제자들에게 말씀하시기를
[때가 급하여 이제 만전을 다하지는 못하였으나,
나의 일생 포부와 경륜이 그 대요는 이 한 권에 거의 표현되어 있나니,

대종사님의 '일생 포부와 경륜'이 무엇일까요?
「개교의 동기」에 의하면
'파란고해의 일체 생령을 광대무량한 낙원으로 인도하려 함'일 것입니다.
달리 표현하자면 '제생의세濟生醫世'요 '참 문명 세계 건설'일 것입니다.
대종사님은『정전』에 '일생 포부와 경륜'의 '대요大要'를 담았다고 자부하십니다.

삼가 받아 가져서 말로 배우고,
몸으로 실행하고,
마음으로 증득하여,
이 법이 후세 만대에 길이 전하게 하라.

제자들에게 『정전』을 자기 것으로 만드는 법을 알려주십니다.
일단, '삼가 받아 가져서'라는 말씀은 '신심'으로 경전을 품으라는 뜻일 것입니다.
신심 없이 경전을 공부한들 자기 것이 될 리가 없기 때문입니다.
그다음에는 '말로 배우'는 단계를 거쳐야 합니다.
문자로 된 경전이니 문자로 이해하는 단계를 거쳐야 합니다.
혹여 불립문자不立文字 등의 단견에 빠져 이 단계를 소홀히 하지 않아야 합니다.
대종사님은 『정전』「정기훈련법」에서 '경전' 훈련 과목을 '우리의 지정 교서와 참고 경전 등을 이름이니, 이는 공부인으로 하여금 그 공부하는 방향로를 알게 하기 위함이요'라고 설명해주셨습니다.
공부인이 '그 공부하는 방향로를 알'려면 반드시 경전 공부에 정성을 쏟아야 합니다.

열반을 앞두시고 마지막 심혈을 쏟아부은 결과물이 『정전』임을 상기한다면
『정전』은 주세불主世佛 '원각성존圓覺聖尊 소태산少太山 박중빈朴重彬 대종사大宗師'의
이른바 유언 또는 유서라고 할 만큼 중요한 원불교의 으뜸 경전입니다.
'글'과 '말'로 배우는 것을 소홀히 하지 않아야 합니다.

둘째는 '몸으로 실행'해야 합니다.
경전의 가르침대로 실제로 행하라는 대종사님의 부촉입니다.
예컨대, '좌선법'을 이해한다고 해서 '좌선의 공덕'을 얻을 수는 없습니다.
'일기법'을 이해하는 것과 '상시일기'와 '정기일기'를 직접 기재하는 것은 다릅니다.
'법위등급'을 말로 이해하고 달달 외운다고 해서 '법위'가 향상되지는 않습니다.
『정전』의 가르침대로 '몸으로 실행'해야 진리를 자신의 것으로 만들 수 있습니다.

셋째는 '마음으로 증득'하라는 부촉입니다.
'몸으로 실행'한다고 해서 진리를 온전히 자기 것으로 할 수는 없습니다.
결국 '마음으로 증득'하지 못하면 공부에 애는 썼어도 깨달음을 얻지는 못합니다.
예컨대, '좌선'을 '몸으로 실행'한다고 해서 좌선의 진정한 공덕을 온전히 얻는 것이 아님과 같습니다. '좌선이라 함은 마음에 있어 망념을 쉬고 진성을 나타내는 공부'라고 하셨는데 '진성'을 증득하지 못할 수 있는 것입니다.
「무시선법」에서 '대범, 선이라 함은 원래에 분별 주착이 없는 각자의 성품을 오득하여 마음의 자유를 얻게 하는 공부'라고 하셨는데, '무시선' 공부를 열심히 한다고 해서 공부인들이 모두 '각자의 성품을 오득하여 마음의 자유를 얻'는 것은 아님과 같습니다.
'실행'에서 '증득'의 단계로 넘어가야 비로소 대종사님의 '법'을 온전히 '받아 가져서'
'이 법이 후세 만대에 길이 전하게' 할 수 있는 것입니다.

'증득' 없는 '삼가 받아 가짐'은 신심으로 받아 가지는 것이고,
'증득'해서 '삼가 받아 가짐'은 대종사님의 심통제자로서 받아 가지는 것입니다.

앞으로 세계 사람들이 이 법을 알아보고 크게 감격하고 봉대할 사람이
수가 없으리라.]

안타깝게도 이 당시의 세상 사람들은 '이 법'을 알아보지 못했습니다.
소수의 인연있는 사람들만 알아보고 실행하고 증득했을 뿐입니다.
하지만 앞으로는 전 세계의 수많은 사람들이 '이 법을 알아보고 크게 감격하고 봉대'할 것임을 확언하십니다.

대종사님은 「전망품」4장에서 이미 '지금의 우리가 장차 세계적 큰 회상의 조상으로 드러나리라. 이 말을 듣고 웃을 사람도 있을 것이나, 앞으로 제 일대 만 지내도 이 법을 갈망하고 요구하는 사람이 많아질 것이며, 몇십 년 후에는 국내에서 이 법을 요구하게 되고, 몇백 년 후에는 전 세계에서 이 법을 요구하게 될 것이니, 이렇게 될 때에는 나를 보지 못한 것을 한하는 사람이 수가 없을 뿐 아니라, 지금 그대들 백명 안에 든 사람은

물론이요 제 일대 창립 한도 안에 참례한 사람들까지도 한없이 부러워하고 숭배함을 받으리라.'라고 예견하신 바 있습니다. 이와 일맥상통하는 법문입니다.

나의 마음공부

- 나는 『정전』을 얼마나 '말로 배우고' 있나요?

- 나는 『정전』을 얼마나 '몸으로 실행' 하고 있나요?

- 나는 『정전』을 얼마나 '마음으로 증득' 했나요?

- 나는 '이 법이 후세 만대에 길이 전하게' 하기 위해서 무엇을 해야 할까요?

대종사 열반을 몇 달 앞두시고 자주 대중과 개인에게 부촉하시기를
[내가 이제는 깊은 곳으로 수양을 가려 하노니,
만일 내가 없더라도 퇴굴심이 나지 않겠는가 스스로 반성하여
마음을 추어 잡으라.
지금은 정히 심판기라 믿음이 엷은 사람은 시들 것이요,
믿음이 굳은 사람은 좋은 결실을 보리라.
나의 법은 신성 있고 공심 있는 사람이면 누구나 다 받아 가도록 전하였나니,
법을 받지 못하였다고 후일에 한탄하지 말고,
하루속히 이 정법을 마음대로 가져다가 그대들의 피가 되고 살이 되게 하라.]

『대종경』「부촉품」4장

피가 되고 살이 되게 하라　| 풀이 |

대종사 열반을 몇 달 앞두시고 자주 대중과 개인에게 부촉하시기를

소태산 대종사님께서 열반을 준비하십니다.

[내가 이제는 깊은 곳으로 수양을 가려 하노니,

생사 거래에 자유를 얻은 분만이 할 수 있는 말씀입니다.

만일 내가 없더라도 퇴굴심이 나지 않겠는가 스스로 반성하여
마음을 추어 잡으라.

제자들의 공부를 걱정하십니다.

지금은 정히 심판기라 믿음이 엷은 사람은 시들 것이요,
믿음이 굳은 사람은 좋은 결실을 보리라.

여기서 '지금'이란 특정 시점만을 가리키는 것이 아니라
제자들이 처한 상황을 고려한 말씀이라고 생각합니다.
아직 신생 교단으로서 불비한 점이 많은 상태인데
시국은 엄혹하고 교조인 대종사님께서는 열반을 앞두고 있으니
'믿음'의 정도에 따라 공부인의 미래가 결정되기 때문입니다.
'믿음'을 굳게 해야 할 때인 것입니다.

나의 법은 신성 있고 공심 있는 사람이면 누구나 다 받아 가도록 전하였나니,
법을 받지 못하였다고 후일에 한탄하지 말고,
하루속히 이 정법을 마음대로 가져다가 그대들의 피가 되고 살이 되게 하라.]

이미 대종사님은 단전單傳이 아니라 공전公傳으로 법을 전하셨습니다.
신심, 공심, 공부심 있는 사람이 그 법을 전해 받을 수 있게 하셨습니다.
'피가 되고 살이 되게' 한다는 것은 법을 체받는다는 것이고,
진리를 깨달아 내면화해서 교법대로 심신작용을 한다는 의미입니다.

대종사님은 남김없이, 누구에게나 법을 전하셨습니다.
법을 가져가서 체화하고 활용하는 일은 각자 하기 나름입니다.
대종사님은 제자들에게 주실 것을 이미 모두 주신 것입니다.

나의 마음공부

• 존경하는 스승님이 열반하셔도 나는 '퇴굴심'을 내지 않을 수 있나요?

• 나에게 '심판기'는 언제인가요?

• 나는 신심, 공심, 공부심이 어느 정도나 되나요?

• 나는 우리 정법을 '마음대로 가져다가' 얼마나 '피가 되고 살이 되'게 하고 있나요?

대종사 하루는 송규에게 말씀하시기를
[그대는 나를 만난 후로 오늘에 이르기까지
모든 일을 오직 내가 시키는 대로 할 따름이요
따로 그대의 의견을 세우는 일이 없었으니,
이는 다 나를 신봉함이 지극한 연고인 줄로 알거니와,
내가 만일 졸지에 오래 그대들을 떠나게 되면 그때에는 어찌 하려는가.
앞으로는 모든 일에 의견을 세워도 보며 자력으로 대중을 거느려도 보라.] 하시고
또 말씀하시기를
[요사이에는 관변의 지목이 차차 심하여 가니
내가 여기에 오래 머무르기 어렵겠노라.
앞으로 크게 괴롭히는 무리가 더러 있어서 그대들이 그 목을 넘기기가 힘들 것이나 큰일은
없으리니 안심하라.]

『대종경』「부촉품」5장

- 송규 宋奎 : (1900~1962) 호적명은 도군道君. 족보명은 홍욱鴻昱. 휘는 추樞. 법명은 규奎. 법호는 정산鼎山. 법훈은 종사. 소태산대종사의 상수제자上首弟子로, 소태산 열반 후 법통을 이은 원불교 후계 종법사이며, 개벽계성開闢繼聖으로 받든다. 1900년 8월 4일 경북 성주군 초전면 소성동에서 부친 벽조(久山 宋碧照)와 모친 이운외(準陀圓 李雲外)의 2남 1녀 중 장남으로 태어났다. 1917년(원기2) 스승을 찾아 전라도를 탐방하고 있을 때, 대각을 이루고 제도사업에 나선 소태산이 전북 정읍으로 그를 찾아가 만나고, 제자로 맞이들여 수위단 중앙단원에 임명했다. 정산은 법인성사法認聖事를 이루고 소태산의 봉래산 주석기에 함께하여 교법 제정에 보필하며, 새 회상의 초창역사인 『불법연구회창건사佛法研究會創建史』를 집필하고, 소태산의 명을 받들어 『정전』 편수에 주력하며, 1943년(원기28) 6월 1일 소태산이 열반에 들자 법통을 계승했다. 일제의 핍박을 받으면서도 교단을 지키고, 해방 후 「교헌敎憲」을 제정하며, 정식교명인 '원불교圓佛敎'를 천하에 선포했다. 「대종사성비명大宗師聖碑銘」을 찬술하여 소태산을 주세성자主世聖者로 보는 대종사관을 확립했다. 1961년(원기46) 1월 삼동윤리三同倫理를 설하고, 이듬해인 1962년(원기47) 1월 24일 열반에 들었다.
- 관변 官邊 : 정부나 관청 쪽. 또는 그 계통.

내가 여기에 오래 머무르기 어렵겠노라 | 풀이 |

대종사 하루는 송규에게 말씀하시기를
[그대는 나를 만난 후로 오늘에 이르기까지
모든 일을 오직 내가 시키는 대로 할 따름이요
따로 그대의 의견을 세우는 일이 없었으니,
이는 다 나를 신봉함이 지극한 연고인 줄로 알거니와,

소태산 대종사님께서는 정산 종사(송규)의 신성에 대해 말씀하신 바 있습니다.
'내가 송규 형제를 만난 후 그들로 인하여 크게 걱정하여 본 일이 없었고, 무슨 일이나 내가 시켜서 아니 한 일과 두 번 시켜 본 일이 없었노라. 그러므로, 나의 마음이 그들의 마음이 되고 그들의 마음이 곧 나의 마음이 되었나니라.' - 「신성품」18장
제자 송규가 대종사님의 심통제자임을 공언하신 것입니다.

내가 만일 졸지에 오래 그대들을 떠나게 되면 그때에는 어찌하려는가.
앞으로는 모든 일에 의견을 세워도 보며 자력으로 대중을 거느려도 보라.] 하시고

정산 종사(송규)는 훗날 대종사님의 뒤를 이어 종법사의 직을 맡습니다.
대종사님은 자신의 뒤를 정산 종사가 이을 것을 예견하신 듯이 부촉하십니다.
'모든 일에 의견을 세워' 보고, '자력으로 대중을 거느려' 보기도 하라고.
단순히 신심 깊은 제자에게 뭔가를 가르치려는 말씀이라기보다는
회상의 미래를 부탁하는 듯한 말씀입니다.

또 말씀하시기를
[요사이에는 관변의 지목이 차차 심하여 가니
내가 여기에 오래 머무르기 어렵겠노라.

일제의 압제가 극에 달한 시기입니다.
'여기에 오래 머무르기 어렵'다는 말씀은
단순히 거처나 교화지를 바꾼다는 의미가 아닙니다.
이승을 떠나는 '열반'을 의미합니다.

앞으로 크게 괴롭히는 무리가 더러 있어서 그대들이 그 목을 넘기기가 힘들 것이나 큰일은 없으리니
안심하라.]

대종사님 스스로 당신의 생사 거래를 말씀하시면서도 교단의 앞날을 낙관하십니다.
교단 창립자인 최고 지도자를 잃고 자칫 방황할 수도 있을 제자들에게
역경과 난경이 있겠지만 '큰일은 없'을 것이라고 '안심' 시켜 주십니다.

나의 마음공부

• 이 법문을 하실 때 대종사님의 심정이 어땠을까요?

• 이 법문을 받드는 정산 종사님과 제자들의 마음은 어땠을까요?

• 나는 교단사에 대해 나름대로 '의견을 세워' 보곤 하나요?

• 나는 대중들을 바르게 지도할 수 있는 역량이 있나요?

• 교단적으로 '목을 넘기기 힘든' 경계를 당하면 어떻게 극복해야 할까요?

6

대종사 말씀하시기를
[그대들이 나를 따라 처음 발심한 그대로 꾸준히 전진하여 간다면
성공 못 할 사람이 없으리라.
그러나, 하근下根에서 중근中根되는 때에나,
본래 중근으로 그 고개를 넘지 못한 경우에
모든 병증病症이 발동하여 대개 상근에 오르지 못하고 말게 되나니,
그대들은 이 무서운 중근의 고개를 잘 넘어서도록 각별한 힘을 써야 하리라.

중근의 병은, 첫째는 공부에 권태증이 생기는 것이니,
이 증세는 일체가 괴롭기만 하고 지리한 생각이 나서
어떤 때에는 그 생각과 말이 세속 사람보다 오히려 못할 때가 있는 것이요,
둘째는 확실히 깨치지는 못했으나 순전히 모르지도 아니하여
때때로 말을 하거나 글을 쓰면 여러 사람이 감탄하여 환영하므로
제 위에는 사람이 없는 것 같이 생각되어
제가 저를 믿고 제 허물을 용서하며 윗 스승을 함부로 비판하며
법과 진리에 호의狐疑를 가져서 자기 뜻에 고집하는 것이니,
이 증세는 자칫하면 그동안의 적공이 허사로 돌아가
결국 영겁 대사를 크게 그르치기 쉬우므로,
과거 불조들도 이 호의 불신증을 가장 두렵게 경계하셨나니라.
그런데, 지금 그대들 중에 이 병에 걸린 사람이 적지 않으니
제 스스로 반성하여 그 자리를 벗어나면 좋으려니와,
만일 그러지 못한다면
이는 장차 제 자신을 그르치는 동시에 교단에도 큰 화근이 될 것이니,
크게 분발하여 이 지경을 넘는 공부에 전력을 다할지어다.

이 중근을 쉽게 벗어나는 방법은
법 있는 스승에게 마음을 가림 없이 바치는 동시에
옛 서원을 자주 반조하고 중근의 말로가 위태함을 자주 반성하는 것이니,
그대들이 이 지경만 벗어나고 보면
불지佛地에 달음질하는 것이 비행기 탄 격은 되리라.]

『대종경』「부촉품」6장

- 근기 根機 : 교법을 받아들여 성취할 품성과 능력의 정도. 근기는 물건의 근본되는 힘인 근근과 발동發動함인 기機가 합성된 용어로서 기근機根 이라고도 하는데 부처님의 가르침을 듣고 그대로 발동할 수 있는 능력에 따라 중생을 분류한 것이다. 곧 부처님의 교화에 의해 발동할 수 있도록 중생의 마음 가운데 본래부터 가지고 있는 능력의 차등을 의미하며 상근기上根機·중근기中根機·하근기下根機가 있다.
- 호의狐疑–호의불신狐疑不信 : 여우가 의심이 많다는 속설에서 생긴 말로 깊이 의심하여 잘 믿지 않음을 나타내는 말. 종교적으로 신앙심이 부족하여 진리와 스승의 가르침을 잘 믿지 않고 의심하는 것을 호의불신증에 걸렸다고 한다.

무서운 중근의 고개 | 풀이 |

대종사 말씀하시기를
[그대들이 나를 따라 처음 발심한 그대로 꾸준히 전진하여 간다면
성공 못 할 사람이 없으리라.
그러나, 하근下根에서 중근中根되는 때에나,
본래 중근으로 그 고개를 넘지 못한 경우에
모든 병증病症이 발동하여 대개 상근에 오르지 못하고 말게 되나니,
그대들은 이 무서운 중근의 고개를 잘 넘어서도록 각별한 힘을 써야 하리라.

공부인들에게 '각별한 힘'을 써서 중근기를 넘어서라고 부촉하십니다.
그리고 중근이라는 마음병의 증세를 자세히 알려주십니다.
이러한 증세가 있으면 빨리 알아차리라는 말씀인 셈입니다.

중근의 병은, 첫째는 공부에 권태증이 생기는 것이니,
이 증세는 일체가 괴롭기만 하고 지리한 생각이 나서
어떤 때에는 그 생각과 말이 세속 사람보다 오히려 못할 때가 있는 것이요,

권태倦怠란 '어떤 일이나 상태에 시들해져서 생기는 게으름이나 싫증'을 의미합니다.
성불제중의 서원을 세우고 공부를 시작했을 때는 권태를 느낄 틈이 없습니다.
공부가 새롭고 신앙과 수행의 보람을 느끼기 때문입니다.
하지만 시간이 지나면서 권태증을 느낀다는 것은
마음이 묵어지고 공부에 진전이 없다는 증거입니다.
'공부길'을 잃은 것이고 '인생길'마저 잃고 있는 것입니다.

둘째는 확실히 깨치지는 못했으나 순전히 모르지도 아니하여
때때로 말을 하거나 글을 쓰면 여러 사람이 감탄하여 환영하므로
제 위에는 사람이 없는 것 같이 생각되어
제가 저를 믿고 제 허물을 용서하며 윗 스승을 함부로 비판하며
법과 진리에 호의狐疑를 가져서 자기 뜻에 고집하는 것이니,

첫 번째 말씀하신 권태증이 공부에 대한 게으름이나 정체로 인한 것이라면
두 번째 내용은 공부인의 겉넘는 태도로 인한 중근의 증상입니다.
'확실히 깨치지는 못했으나 순전히 모르지도 아니'한 채로
아는 척하며 사람들을 가르치려는 잘못된 태도입니다.
'제 위에는 사람이 없는 것 같이 생각'한다는 것은 스승이 없다는 것입니다.
그러므로 '제가 저를 믿고 제 허물을 용서하며 윗 스승을 함부로 비판'하게 됩니다.
진리를 온전히 깨닫지 못했기 때문에 온전한 지혜를 갖추지 못하고,
자신을 정견하지 못하니 스승도 알아보지 못하고 가볍게 보게 됩니다.

또한 진리를 '확실히 깨치지는 못했으나 순전히 모르지도 아니하'기 때문에
'법과 진리에 호의狐疑를 가져서 자기 뜻에 고집'하게 됩니다.
모르면 모른다고 해야 지혜를 갖추게 되고 깨침을 얻을 수 있는데,
'순전히 모르지도 아니'하니 그 모름이 앎과 지혜로 연결되지 못하는 것입니다.
진리 앞에서 겸손해야 하는데 진리 앞에 교만하고 자만하는 것입니다.
마치 「법위등급」 가운데 '법마상전급'에서 공부길을 잃어버리는 것과 같습니다.
'법과 마를 일일이 분석'하지 못하는 단계입니다.

이 증세는 자칫하면 그동안의 적공이 허사로 돌아가
결국 영겁 대사를 크게 그르치기 쉬우므로,
과거 불조들도 이 호의 불신증을 가장 두렵게 경계하셨나니라.

이런 증세를 빨리 알아차려서 '각별한 힘'을 써야 하는데

그렇지 못하면 '그동안의 적공이 허사로 돌아' 간다고 크게 걱정하십니다.
'영겁 대사를 크게 그르치기' 쉽다고 경계하십니다.
잘못된 행동 몇 가지는 고치면 되지만
스승을 가볍게 알고, 진리를 의심하고, 자기 고집을 꺾지 않는다면
'공부길'을 잃어버려서 그릇된 '인생길'로 가게 되기 때문입니다.
잘못된 공부길과 그릇된 인생길을 고집하는 한
'영겁 대사'를 계속해서 '그르치'게 될 것입니다.
'과거 불조들'께서 '이 호의 불신증을 가장 두렵게 경계'하신 이유입니다.

그런데, 지금 그대들 중에 이 병에 걸린 사람이 적지 않으니
제 스스로 반성하여 그 자리를 벗어나면 좋으려니와,
만일 그러지 못한다면
이는 장차 제 자신을 그르치는 동시에 교단에도 큰 화근이 될 것이니,

제자들 가운데 중근병에 걸린 사람이 적지 않다고 주의를 주십니다.
각자 알아서 중근병에서 벗어나면 좋으련만 그렇게 하지 못한다면,
자신과 교단에 '화근'이 될 것이라고 경고하십니다.

크게 분발하여 이 지경을 넘는 공부에 전력을 다할지어다.

이 법문의 핵심 내용입니다.
대종사님께서 제자들에게 하시고 싶은 말씀입니다.
'분심'을 발해서 중근을 벗어나는 공부에 '전력'을 다하라고 부촉하십니다.
자신의 공부를 누군가가 대신해줄 수는 없습니다.
대종사님도 제자들의 공부심을 자극하고 촉진할 수 있을 뿐입니다.
열반을 앞두신 대종사님의 간절한 부촉입니다.

이 중근을 쉽게 벗어나는 방법은

법 있는 스승에게 마음을 가림 없이 바치는 동시에
옛 서원을 자주 반조하고 중근의 말로가 위태함을 자주 반성하는 것이니,

'분발심'을 촉진하는데 그치지 않고 중근에서 벗어나는 방법까지 알려주십니다.
첫째는 '법 있는 스승에게 마음을 가림 없이 바치는' 공부를 부촉하십니다.
「상시 훈련법」 '교당 내왕시 주의 사항' 중에서
'1. 상시 응용 주의 사항으로 공부하는 중 어느 때든지 교당에 오고 보면 그 지낸 일을 일일이 문답하는 데 주의할 것이요,
2. 어떠한 사항에 감각된 일이 있고 보면 그 감각된 바를 보고하여 지도인의 감정 얻기를 주의할 것이요,
3. 어떠한 사항에 특별히 의심나는 일이 있고 보면 그 의심된 바를 제출하여 지도인에게 해오^{解悟} 얻기를 주의할 것이요,'라는 내용에 맞게 스승님의 도움을 받아 상시로 훈련해야 합니다.

둘째는 '옛 서원을 자주 반조'하기를 부촉하십니다.
진솔하고 간절했던 처음의 서원을 반조하면 아만심에서 비롯되는 중근병에서 쉽게 빠져나올 수 있습니다.

셋째는 '중근의 말로가 위태함을 자주 반성'하기를 부촉하십니다.
부처님이나 소태산 대종사님이나 한결같이 중근의 말로를 크게 경계하십니다.
그 사실을 잊지 말아야 합니다.
마음을 열고 주변을 보면 위태로운 '중근의 말로'를 보여주는 사례를 적지 않게 발견할 수 있습니다.
내면을 성찰하고 밖을 관찰하여 위태로운 중근병에서 벗어나야겠습니다.

그대들이 이 지경만 벗어나고 보면
불지^{佛地}에 달음질하는 것이 비행기 탄 격은 되리라.]

매우 독특한 비유 법문입니다.
중근병을 잘 극복하기만 한다면 공부인의 최종 목적지인 불지로 가는 것이 마치 '비행기 탄 격'이 된다고 실하십니다.
아무런 장애 없이 쉽고 빠르게 불지에 이를 수 있다는 말씀입니다.
불지를 향한 길에 가장 큰 장애가 되는 중근기를 경계해주십니다.

나의 마음공부

- 나는 현재 어느 근기에 머물고 있나요?

- 나는 이 공부에 어느 정도 '권태증'을 느끼고 있나요?

- 나는 진리를 '확실히' 깨쳤나요?

- 나는 혹시 '제가 저를 믿고 제 허물을 용서'하고 있지 않나요?

- 나는 '윗 스승을 함부로 비판'하나요?

- 나는 '법과 진리에 호의狐疑를 가져서 자기 뜻에 고집'하나요?

- 나는 '법 있는 스승에게 마음을 가림 없이 바치'고 있나요?

- 나는 '옛 서원을 자주 반조하고 중근의 말로가 위태함을 자주 반성'하나요?

원기 이십 팔년(1943) 계미癸未 일월에
대종사 새로 정한 교리도敎理圖를 발표하시며 말씀하시기를
[내 교법의 진수가 모두 여기에 들어 있건마는
나의 참뜻을 아는 사람이 몇이나 될꼬.
지금 대중 가운데 이 뜻을 온전히 받아 갈 사람이 그리 많지 못한 듯하니 그 원인은,
첫째는 그 정신이 재와 색으로 흐르고,
둘째는 명예와 허식으로 흘러서 일심 집중이 못 되는 연고라,
그대들이 그럴진대 차라리 이것을 놓고 저것을 구하든지,
저것을 놓고 이것을 구하든지 하여,
좌우간 큰 결정을 세워서 외길로 나아가야 성공이 있으리라.]

『대종경』「부촉품」7장

외길로 나아가야 성공이 있으리라 | 풀이 |

원기 이십 팔년(1943) 계미(癸未) 일월에

소태산 대종사님께서 열반하시기 불과 수개월 전의 법문입니다.

대종사 새로 정한 교리도(敎理圖)를 발표하시며 말씀하시기를
[내 교법의 진수가 모두 여기에 들어 있건마는
나의 참뜻을 아는 사람이 몇이나 될꼬.

「교리도」는 『정전』 거의 맨 앞부분에 위치합니다.
교리의 대강을 도표로 표현해주신 것입니다.
교조가 직접 기본 경전을 기술한 경우도 매우 드물지만
도표까지 활용해서 교리의 핵심 내용을 전달한 경우는 더욱 흔치 않습니다.
대종사님 입장에선 각별한 노력을 기울인 셈입니다.
'내 교법의 진수가 모두 여기에 들어 있'다고 자부하시면서도
현실적으로는 '나의 참뜻을 아는 사람이 몇이나 될' 것인지 의문을 표하십니다.

지금 대중 가운데 이 뜻을 온전히 받아 갈 사람이 그리 많지 못한 듯하니 그 원인은,
첫째는 그 정신이 재와 색으로 흐르고,
둘째는 명예와 허식으로 흘러서 일심 집중이 못 되는 연고라,

이어서 교법의 진수를 '온전히 받아 갈 사람이 그리 많지 못한' 원인을 찾습니다.
첫째는 재와 색, 둘째는 명예와 허식을 손꼽으십니다,
결국 이런 경계로 인해서 '일심 집중이 못 되는' 것이 그 원인인 것입니다.
그런 경계들을 이길 만큼 마음의 힘이 세지 못한 까닭입니다.

그대들이 그럴진대 차라리 이것을 놓고 저것을 구하든지,
저것을 놓고 이것을 구하든지 하여,
좌우간 큰 결정을 세워서 외길로 나아가야 성공이 있으리라.]

정신과 마음이 '재와 색', '명예와 허식'에 '흘러' 가면 '일심'을 유지할 수 없습니다.
유루有漏의 마음으로는 공부를 제대로 할 수 없습니다.
경계 따라 마음이 흘러 나가서는 마음공부를 '성공'하기 어렵습니다.
'재와 색', '명예와 허식'을 좇아가든지,
그것들을 버리고 '공부'에 전념히든지 취사取捨해야 합니다.
애초의 서원으로, 공부심을 발할 때의 마음으로 돌아가야 한다는 뜻입니다.
결연히 취사를 다시 해서 공부인으로서의 마음가짐과 태도를 분명히 하라는 부촉의 말씀입니다.

'재와 색', '명예와 허식'에 흐르지 않는 공부인의 마음가짐과 태도를 유지하고
'외길로 나아가야' 비로소 '교리도'를 보면서
주세불 소태산 대종사님의 '교법의 진수'가 담긴 것을 알아볼 수 있습니다.
크고 작은 경계에 흐르는 마음으로는 '일심 집중'할 수 없으니,
'교리도'를 보고도 그 진가를 알아볼 수 없는 것입니다.

이 잘못된 순환의 고리를 끊어내고 정견할 수 있는 맑은 지혜의 눈을 가지려면
힘있는 취사를 해야 합니다.
'일심 집중'과 '공부의 성공'을 '취取'하려면,
'재와 색', '명예와 허식'을 '사捨'해야만 합니다.
바른 공부길, '외길'로 가라는 부촉의 말씀입니다.

나의 마음공부

• 나는 '교리도'를 보면서 대종사님의 '참뜻'을 알 수 있나요?

• 나는 대종사님의 참뜻을 '온전히 받아 갈 사람'인가요?

• 나는 '재와 색', '명예와 허식'에 마음이 끌려가지 않는 힘을 얼마나 갖추었나요?

• 나는 공부의 성공을 위해서 무엇을 놓고(捨) 무엇을 구할(取) 것인가요?

대종사 선원 대중에게 물으시기를
[너른 세상을 통하여 과거로부터 현재까지 어떠한 분이 어떠한 공부로
제일 큰 재주를 얻어 고해 중생의 구제선이 되었으며
또한 그대들은 어떠한 재주를 얻기 위하여
이곳에 와서 **공부**를 하게 되었는가.] 하시니,

몇몇 제자의 답변이 있은 후, 송 도성이 사뢰기를
[이 세상에 제일 큰 재주를 얻어 모든 중생의 구제선이 되어 주신 분은
삼세의 모든 부처님이시오,
저희들이 지극히 하고 싶은 공부도 또한 그 부처님의 재주를 얻기 위한 공부로서
현세는 물론이요 미래 수천만 겁이 될지라도
다른 사도와 소소한 공부에 마음을 흔들리지 아니하고,
부처님의 지행을 얻어 노·병·사를 해결하고
고해 중생을 제도하는 데에 노력하겠나이다.]

대종사 말씀하시기를

[그런데 근래 공부인 가운데에는 이 법문에 찾아와서도
외학(外學)을 더 숭상하는 사람이 있으며,
외지(外知)를 구하기 위하여 도리어 도문을 등지는 사람도 간혹 있나니
어찌 한탄스럽지 아니하리요.
그런즉, 그대들은 각기 그 본원을 더욱 굳게 하기 위하여
이 공부에 끝까지 정진할 서약들을 다시 하라.]
이에 선원 대중이 명을 받들어 서약을 써 올리고 정진을 계속하니라.

『대종경』「부촉품」8장

- **도문 道門** : 도법의 문호. 원불교의 진리세계인 일원대도를 신앙하게 되는 것을 문에 비유하는 말. 곧 원불교의 진리로 들어오는 문이며, 수행의 길에 들어섬이다.

끝까지 정진할 서약들을 다시 하라 | 풀이 |

대종사 선원 대중에게 물으시기를
[너른 세상을 통하여 과거로부터 현재까지 어떠한 분이 어떠한 공부로
제일 큰 재주를 얻어 고해 중생의 구제선이 되었으며
또한 그대들은 어떠한 재주를 얻기 위하여
이곳에 와서 공부를 하게 되었는가.] 하시니,

소태산 대종사님께서 제자들에게 공부하는 목적을 물으십니다.
아주 기본적인 물음입니다.

몇몇 제자의 답변이 있은 후, 송도성이 사뢰기를
[이 세상에 제일 큰 재주를 얻어 모든 중생의 구제선이 되어 주신 분은
삼세의 모든 부처님이시오,
저희들이 지극히 하고 싶은 공부도 또한 그 부처님의 재주를 얻기 위한 공부로서
현세는 물론이요 미래 수천만 겁이 될지라도
다른 사도와 소소한 공부에 마음을 흔들리지 아니하고,
부처님의 지행을 얻어 노·병·사를 해결하고
고해 중생을 제도하는 데에 노력하겠나이다.]

대종사님의 심중을 헤아린 심통 제자 송도성이 답을 합니다.
이미 대종사님께서 말씀하신 내용에 본인의 서원과 공부심을 덧붙여 응답합니다.
'다른 사도와 소소한 공부에 마음을 흔들리지 아니하고'
'부처님의 재주를 얻기 위한 공부'에 정진할 것을 다짐합니다.
성불제중, 제생의세의 서원을 맹세합니다.
대종사님께서 듣고자 하신 대답인 셈입니다.

대종사 말씀하시기를
[그런데 근래 공부인 가운데에는 이 법문에 찾아와서도
외학外學을 더 숭상하는 사람이 있으며,
외지外知를 구하기 위하여 도리어 도문을 등지는 사람도 간혹 있나니
어찌 한탄스럽지 아니하리요.

아마도 이 법문을 하실 즈음 제자들 가운데
'외학外學을 더 숭상하는 사람'이나
'외지外知를 구하기 위하여 도리어 도문을 등지는 사람'이 있었던 것 같습니다.
외학과 외지의 구체적 내용이 언급되지는 않았지만
'고해 중생의 구제선'이 되기 위한 공부와 지식 이외의 것이라고 할 수 있습니다.
예컨대, 수행과 훈련 대신에 일반 학문에 몰두한다면 이런 행태는
성불제중, 제생의세를 위해 함께 모여 공부하는 목적에 어긋나게 됩니다.
기본적인 공부와 훈련으로 일정 수준에 오른 다음에 교화를 위해서
관련 학문을 배우고 활용하는 것은 몰라도, 기본적인 과정을 소홀히 해서는
'제일 큰 재주를 얻어 고해 중생의 구제선'이 될 수 없는 것입니다.

부처의 경지에 이르기 위한 공부 단계를 밝힌 「법위등급」에서 대종사님은
'특신급은 보통급 십계를 일일이 실행하고, 예비 특신급에 승급하여 특신급 십계를 받아 지키며, 우리의 교리와 법규를 대강 이해하며, 모든 사업이나 생각이나 신앙이나 정성이 다른 세상에 흐르지 않는 사람의 급'이라고 설하셨습니다.
기본적으로 특별한 신심을 발한 공부인이라면 '모든 사업이나 생각이나 신앙이나 정성이 다른 세상에 흐르지 않는 사람'이어야 합니다.
외학外學과 외지外知를 구한다는 것은 마음이 '다른 세상에 흐르는' 것을 의미합니다.
공부 단계가 특신급에 미치지 못함을 의미합니다.
공부인이 '특신급'에서 노력을 해야 '법마상전급', '법강항마위', '출가위'를 거쳐서
최종적으로 '대각여래위'에 승급해서 '부처님의 재주'를 얻을 수 있음을
유념해야 합니다.

특신급 단계에선 외학과 외지를 구하려는 여념이 없어야 마땅합니다.

'큰 재주'는 어떤 재주일까요?
'법위등급'에 따라 설명하자면 궁극적으로는 '대각여래위'의 능력으로서
'대자대비로 일체 생령을 교화하되 만능이 겸비'하는 정도의 재주일 것입니다.
물론 대각여래위가 아니어도 공부인의 법위등급이 올라감에 따라 갖추게 되는
삼대력과 중생을 제도하는 능력을 의미한다고 볼 수 있습니다.
이런 능력, 교화력을 갖추려면 이 공부에 전일하게 임해야 합니다.
그런데 '외학外學을 더 숭상'하거나, '외지外知를 구하기 위하여
도리어 도문을 등지는' 제자들이 있으니
대종사님으로선 '어찌 한탄스럽지 아니하리요'라고 괴로운 마음을 토로하신 것입니다.
본本과 말末, 선先과 후後가 뒤바뀜을 경계하십니다.

그런즉, 그대들은 각기 그 본원을 더욱 굳게 하기 위하여
이 공부에 끝까지 정진할 서약들을 다시 하라.]
이에 선원 대중이 명을 받들어 서약을 써 올리고 정진을 계속하니라.

선원에 남아서 공부하고 있는 제자들의 마음을 다잡기 위해서 대종사님은
제자들에게 '정진할 서약'을 '다시' 하라고 하십니다.
이미 교단에 몸을 담을 때 서약을 했건만 서약을 위반하는 사람들이 있으니
대종사님으로선 제자들의 마음을 다시 다잡게 할 필요가 있었던 것입니다.
제자들의 공부심을 재확인함으로써 그들의 서원을 더 굳게 해주십니다.

정법 회상에 입문했어도 다른 데 마음이 끌려서 공부길을 벗어나는 제자들을 보시고
매우 안타까워하시는 대종사님의 마음이 느껴지는 법문입니다.
천만 경계 속에서도 이런 대종사님의 자비로운 챙김에 힘입어
마음을 챙기고 챙겨서 공부에 공을 들였던 초창기 공부인들의 모습이 생생합니다.

나의 마음공부

- 내가 하는 공부가 '고해 중생의 구제선'이 되는 데 도움이 되는 공부인가요?

- 나는 어느 정도의 '큰 재주'를 가졌나요?

- 나는 '이곳에 와서 공부'하는 목적을 어느 정도나 이뤘나요?

- 나는 나의 '서원'을 굳게 하기 위해 어떤 노력을 하고 있나요?

대종사 말씀하시기를
[내가 이 회상을 연지 이십팔 년에
법을 너무 해석적으로만 설하여 준 관계로
상근기는 염려 없으나,
중·하 근기는 쉽게 알고 구미호九尾狐가 되어 참 도를 얻기 어렵게 된 듯하니
이것이 실로 걱정되는 바라,
이후부터는 일반적으로 해석에만 치우치지 말고
삼학을 병진하는 데에 노력하도록 하여야 하리라.]

『대종경』「부촉품」9장

구미호九尾狐 | 풀이 |

대종사 말씀하시기를
[내가 이 회상을 연지 이십팔 년에
법을 너무 해석적으로만 설하여 준 관계로
상근기는 염려 없으나,
중·하 근기는 쉽게 알고 구미호九尾狐가 되어 참 도를 얻기 어렵게 된 듯하니
이것이 실로 걱정되는 바라,

소태산 대종사님께서 대각을 이루신 후 28년의 세월은
범부들이 가늠하기 힘든 고난과 역경의 연속이었습니다.
평지에 흙을 쌓아 산을 만드는 평지조산平地造山의 과정이었습니다.
더구나 교화를 전개했던 시대는 엄혹했던 일제 치하였습니다.
이런 상황에서도 '완전무결한 큰 회상을 이 세상에 건설'-「서품」2장 하시려 했으니
대종사님이 감내해야 했던 어려움을 가늠하기가 쉽지 않습니다.

대종사님은 28년의 교화 역정을 돌아보시면서 걱정되는 바를 말씀하십니다.
'법을 너무 해석적으로' 설해서 '중·하근기'의 제자들이
'참 도를 얻기 어렵게 된 듯'하다고 회한 섞인 걱정을 하십니다.
하지만 이런 말씀은 대종사님 입장에서 하실 수 있는 말씀이지만
객관적 상황으로 보자면 교법을 새로 창안해서 제자들에게 가르쳐야 할
대종사님으로선 교법을 '해석적'으로 설하는 과정이 반드시 필요했습니다.
오히려 제자들 입장에선 자상하게 지도해주신 대종사님의 은혜에
제대로 보답하지 못한 점을 아쉬워해야 마땅합니다.
'구미호九尾狐가 되어 참 도를 얻기 어렵게 된' 것이 대종사님 탓은 아닙니다.

참고로 대종사님은 '구미호'와 연관해서
'여우같은 의심'이란 뜻의 '호의狐疑'라는 표현으로 중근병을 경계해주신 바 있습니다.
'그대들은 이 무서운 중근의 고개를 잘 넘어시도록 각별한 힘을 써야 하리라. 중근의 병은, 첫째는 공부에 권태증이 생기는 것이니, 이 증세는 일체가 괴롭기만 하고 지리한 생각이 나서 어떤 때에는 그 생각과 말이 세속 사람보다 오히려 못할 때가 있는 것이요, 둘째는 확실히 깨치지는 못했으나 순전히 모르지도 아니하여 때때로 말을 하거나 글을 쓰면 여러 사람이 감탄하여 환영하므로 제 위에는 사람이 없는 것 같이 생각되어 제가 저를 믿고 제 허물을 용서하며 윗 스승을 함부로 비판하며 법과 진리에 호의狐疑를 가져서 자기 뜻에 고집하는 것이니, 이 증세는 자칫하면 그 동안의 적공이 허사로 돌아가 결국 영겁 대사를 크게 그르치기 쉬우므로, 과거 불조들도 이 호의 불신증을 가장 두렵게 경계하셨나니라.' - 「부촉품」6장

이후부터는 일반적으로 해석에만 치우치지 말고
삼학을 병진하는 데에 노력하도록 하여야 하리라.]

교리를 이해해야 수행도 가능하기에 '해석'에 공을 들이셨다고 생각됩니다.
대종사님은 '정기훈련법'에서 '경전' 공부에 대해 말씀하시기를
'경전은 우리의 지정 교서와 참고 경전 등을 이름이니, 이는 공부인으로 하여금 그 공부하는 방향로를 알게 하기 위함'이라고 하셨습니다. '공부하는 방향로'를 제자들에게 알려주기 위해서는 '경전'을 '해석적으로' 가르칠 수밖에 없으셨을 것입니다.
대종사님의 교법과 교리가 이미 '삼학 병진'을 하도록 되어 있기에 '해석' 자체에 문제가 있다기보다는 실제로 실생활에서 '삼학을 병진하는' 훈련에 대한 미흡함을 말씀하셨다고 봐야 할 것입니다. 이미 그 당시 교단의 생활 자체가 삼학 병진을 하도록 틀 잡혀 있었기에 대종사님의 이런 말씀은 제자들의 공부에 대한 바람이라고 보아야 할 것입니다.

『정전』 편찬에 즈음해서 '삼가 받아 가져서 말로 배우고, 몸으로 실행하고, 마음으로 증득하여, 이 법이 후세 만대에 길이 전하게 하라.' - 「부촉품」3장 라고 말씀하신 바와 같이 '말로 배우'는 단계를 지나, '몸으로 실행하고, 마음으로 증득'하라는 부촉입니다.

나의 마음공부

- 나는 교법을 잘 '해석'할 수 있나요?

- 나는 '참 도'를 얻었나요?

- 나는 중근기의 여우 같은 의심(호의狐疑)으로 진리와 법과 스승에 대해 의심하고 있지 않나요?

- 나는 '삼학을 병진'하려고 어떻게 노력하고 있나요?

대종사 말씀하시기를
[내가 다생 겁래로 많은 회상을 열어 왔으나
이 회상이 가장 판이 크므로
창립 당초의 구인을 비롯하여 이 회상과 생명을 같이 할 만한 혈심 인물이
앞으로도 수를 헤아릴 수 없이 많이 나리라.]

『대종경』「부촉품」 10장

- **다생겁래 多生劫來** : 아득한 과거로부터 수많은 생을 받아 육도윤회를 계속하여 오고 있다는 뜻. 인간은 과거 생에도 육도윤회를 수없이 했다는 의미이다. 한없는 세월 속에서 윤회를 거듭하고 있는 중생의 모습을 설명할 때 그리고 수많은 생을 통해서 수행을 해온 부처의 삶을 설명할 때 쓰는 용어이다.
- **회상 會上** : (1) 불교에서 대중이 모여서 설법을 듣는 법회. 또는 그 장소. (2) 석가모니불이 영취산에서 설법하던 모임을 영산회상이라 한다. (3) 원불교의 교단을 다른 말로 회상이라고도 한다.
- **판** : 일이 벌어진 자리. 또는 그 장면. '처지', '판국', '형편'의 뜻을 나타내는 말.

이 회상이 가장 판이 크므로 　| 풀이 |

대종사 말씀하시기를
[내가 다생겁래로 많은 회상을 열어 왔으나
이 회상이 가장 판이 크므로

새 회상 원불교에 대한 의미심장한 말씀입니다.
소태산 대종사님께서 다생을 거듭해서 이 세상에 오셨다는 사실을 전제하십니다.
그리고 다생에 걸쳐 여러 회상을 열어왔다는 사실도 알려주십니다.
천업天業에 따라 여러 생을 오가는 것이야 범부 중생들도 마찬가지겠지만
대종사님께서는 성불제중, 제생의세의 서원을 실행하시고자
여러 번 거래하시며 여러 '회상'을 여셨던 것입니다.
그리고 이생에 문을 여신 '원불교' 회상이 가장 '판'이 크다고 평가하십니다.
교세가 미미했던 초창기의 제자들로서는 이해하기 어려운 말씀일 수 있지만
대종사님은 '이 회상이 가장 판이 큰' 회상이라고 단언하십니다.

대종사님은 이미 대각 이후 회상 건설을 계획할 때부터 '장차 회상會上을 열 때에도 불법으로 주체를 삼아 완전무결한 큰 회상을 이 세상에 건설하리라.'-「서품」2장 라고 '완전 무결한 큰 회상'을 꿈꾸셨습니다. '가장 판이 큰 회상'과 상통하는 법문입니다.

또한 '우리가 건설할 회상은 과거에도 보지 못하였고 미래에도 보기 어려운 큰 회상이라, 그러한 회상을 건설하자면 그 법을 제정할 때에 도학과 과학이 병진하여 참 문명 세계가 열리게 하며, 동動과 정靜이 골라 맞아서 공부와 사업이 병진되게 하고, 모든 교법을 두루 통합하여 한 덩어리 한 집안을 만들어 서로 넘나들고 화하게 하여야 하므로, 모든 점에 결함됨이 없이 하려함에 자연 이렇게 일이 많도다.' - 「서품」8장 라고도 설하셨습니다.

외형적 규모만으로 '가장 판이 큰 회상'이라고 하시지는 않았을 것입니다.
'참 문명 세계'까지 의미하는 완전히 새로운 회상을 꿈꾸신 것입니다.

'과거에도 이 나라에 무등無等한 도인이 많이 나셨지마는 이후로도 무등한 도인이 사방에서 모여들어 전무후무한 도덕 회상을 마련할 것'- 「변의품」30장 이라고 말씀하신 바와 같이 새 회상이 '전무후무한 도덕 회상'이 될 것임도 예시하십니다.

'이 회상은 지나간 회상들과 달라서 자주 있는 회상이 아니요, 원시반본原始反本하는 시대를 따러서 나는 회상이라 그 운이 한량 없나니라.'- 「전망품」30장 라는 말씀을 통해서는 우리 회상의 미래가 '한량없음'을 확언하셨습니다.
회상의 정체성이라고 할 수 있는 교법이나 회상의 규모나 지속성 등이 모두 과거의 회상들과는 다름을 말씀하십니다.

창립 당초의 구인을 비롯하여 이 회상과 생명을 같이 할 만한 혈심 인물이
앞으로도 수를 헤아릴 수 없이 많이 나리라.]

대종사님께서 문을 여신 회상의 성격과 판국이 과거 회상과 다르기 때문에
'혈심 인물이 앞으로도 수를 헤아릴 수 없이 많이 나리라' 라는 말씀이 당연합니다.
'이 회상과 생명을 같이 할 만한 혈심 인물이 앞으로도 수를 헤아릴 수 없이 많이 나'지 않는다면 '가장 판이 큰' 회상이 아닐 것입니다.

'아무리 지식과 문장이 출중하고 또는 한때의 특행特行으로 여러 사람의 신망이 높아진다 하더라도, 그것만으로는 이 회상의 종통을 잇지 못하는 것이요, 오직 이 공부 이 사업에 죽어도 변하지 않을 신성으로 혈심血心 노력한 사람이라야 되나니라.'- 「신성품」17장 라는 법문과도 일맥상통하는 법문입니다.

제자들에게 '혈심 인물'이 되어 새 회상의 주인이 될 것을 부촉하십니다.

나의 마음공부

• 내가 느끼는 우리 회상(교단)은 '가장 큰 판'의 회상인가요?

• 나는 대종사님이 '다생겁래로 많은 회상을 열어' 오셨다고 생각하나요?

• 그렇게 생각한다면 그 이유는 무엇인가요?

• 나는 '이 회상과 생명을 같이 할 만한 혈심 인물'인가요?

대종사 말씀하시기를
[내가 오랫동안 그대들을 가르쳐 왔으나
마음에 유감되는 바 셋이 있으니,
그 하나는 입으로는 현묘한 진리를 말하나
그 행실과 증득한 것이 진경에 이른 사람이 귀함이요,
둘은 육안으로는 보나 심안心眼으로 보는 사람이 귀함이며,
셋은 화신불은 보았으나 법신불을 확실히 본 사람이 귀함이니라.]

『대종경』「부촉품」11장

- 유감遺憾 : 마음에 차지 아니하여 섭섭하거나 불만스럽게 남아 있는 느낌.
- 법신불法身佛 : 진리 그 자체로서의 불佛. 싼스끄리뜨 다르마까야붓다(Dharma-kāya Buddha)의 의역으로, 법·보·화法報化 삼신불 중의 하나. 법불法佛·자성신自性身·법성신法性身·진여신眞如身·여여불如如佛·실불實佛이라고도 한다.
- 화신불化身佛 : 삼신불三身佛의 하나. 일체중생을 제도하기 위해 그들의 근기와 상황에 맞춰 인연 따라 다양한 모습으로 화현하여 나타난 부처님. 소태산 대종사나 석가모니불을 화신불이라 하는데, 넓은 의미에서는 삼라만상이 모두 화신불이다. 화신불에는 정正화신불과 편偏화신불이 있다. 정화신불은 법신불의 진리 그대로를 받아 화현한 불보살을 이르며, 편화신불은 법신불의 진리 그대로를 다 받지 못한 범부·중생을 말한다.
- 진경眞境 : (1)실제 그대로의 참다운 경지. (2)인간의 본래 성품인 자성自性. 인간의 본성은 청정무구淸淨無垢 그대로의 것으로 조금의 삿된 것이나 거짓이 없고 오직 진실 그대로라는 의미이다.

마음에 유감되는 바 셋이 있으니 | 풀이 |

대종사 말씀하시기를
[내가 오랫동안 그대들을 가르쳐 왔으나
마음에 유감되는 바 셋이 있으니,
그 하나는 입으로는 현묘한 진리를 말하나
그 행실과 증득한 것이 진경에 이른 사람이 귀함이요,

소태산 대종사님은 열반을 앞두시고 일관된 내용의 부촉을 설하십니다.
『정전』편찬에 즈음해서 '삼가 받아 가져서 말로 배우고, 몸으로 실행하고, 마음으로 증득하여, 이 법이 후세에 전하게 하라.' - 「부촉품」3장 라고 말씀하시고,
'내가 이 회상을 연지 이십팔 년에 법을 너무 해석적으로만 설하여 준 관계로 상근기는 염려 없으나, 중·하 근기는 쉽게 알고 구미호九尾狐가 되어 참 도를 얻기 어렵게 된 듯하니 이것이 실로 걱정되는 바' 「부촉품」9장 라고 걱정하십니다.

요컨대, 머리로 아는 것에 그치지 말로 '실행'하고 '증득'할 것을 부촉하십니다.
일원의 진리와 하나된 '진경眞境'에 이르기를 부촉하십니다.

둘은 육안으로는 보나 심안心眼으로 보는 사람이 귀함이며,

'육안'이란 육신의 눈이고, '심안'이란 마음의 눈이며 지혜의 눈입니다.
육안으로는 만물의 겉모습을 볼 수 있지만, 만물의 속을 볼 수는 없습니다.
본 법문을 대종사님의 대각 일성이 담긴 「서품」1장의 내용에 대입해서 보자면,
육안으로 만유를 보되 심안으로 '만유가 한 체성'임과 '만법이 한 근원'임을
보지 못하는 것입니다.
육안으로는 우주의 성주괴공과 만물의 생로병사의 현상을 보면서도

'생멸 없는 도와 인과보응되는 이치'를 보지 못하는 것입니다.
심안이 열려야 만물의 실상과 근본되는 이치를 온전히 볼 수 있습니다.
내종사님은 제자들에게 마음의 눈을 빨리 뜨라고 부촉하십니다.

셋은 화신불은 보았으나 법신불을 확실히 본 사람이 귀함이니라.]

앞 내용과 일맥상통하는 말씀입니다.
육안으로는 화신불을 볼 수 있어도 법신불을 볼 수는 없습니다.
심안이 열려야 회신불과 법신불을 모두 볼 수 있습니다.
진리를 보는 지혜의 눈을 떠야 가능한 일입니다.
진리 그 자체를 상징하는 '법신불法身佛'을 신앙의 대상으로 삼고 있는
대종사님의 뜻을 온전히 받들려면 '법신불'을 보는 심안心眼을 개안開眼해야 합니다.

제자들이 소태산 대종사님을 보는 것도 마찬가지입니다.
대종사님의 진면목을 보아야 법신불까지 보는 것이라고 할 수도 있습니다.
"출가 후 '대종사를 성인 가운데 가장 큰 성인이시다.' 하고 우러러 받들고 살았으나, 내 나이 30세에 대종사께서 열반하시매 한동안 방황을 하다가, 내가 그동안 대종사의 색신만 모시고 살았지 법신을 뵙지 못하고 살았음을 깨닫고 그 후부터는 법신을 모시기 위해 적공을 계속하였느니라." - 『대산종사법어』「신심편」3장 라는 대산 종사님 말씀과 같습니다.

열반을 앞둔 대종사님은 오로지 제자들의 공부가 순숙되어서 견성을 하고
일원상의 진리를 증득하기를 간절히 원하십니다.

나의 마음공부

• 나는 입으로라도 현묘한 진리를 말할 수 있나요?

• 나는 진리를 깨달아 '진경'을 맛보고 있나요?

• 나는 진리를 깨달아 '행실'로 나타내고 있나요?

• 나는 언제 어디서나 '법신불을 확실히' 보고 있나요?

대종사 말씀하시기를
[도가에 세 가지 어려운 일이 있으니,
하나는 일원의 절대 자리를 알기가 어렵고,
둘은 일원의 진리를 실행에 부합시켜서 동과 정이 한결같은 수행을 하기가 어렵고,
셋은 일원의 진리를 일반 대중에게 간명하게 깨우쳐 알려주기가 어렵나니라.

그러나, 수도인이 마음을 굳게 세우고 한 번 이루어 보기로 정성을 다하면
아무리 어려운 일이라도 쉬운 일이 되어질 것이요,
아무리 쉬운 일이라도 안하려는 사람과 하다가 중단하는 사람에게는
다 어려운 일이 되나니라.]

『대종경』「부촉품」 12장

- **도가 道家** : (1)도덕가道德家의 준말. 도덕을 가르치고 베푸는 종교가를 이른다. 시비이해로 건설되어 분쟁과 번뇌가 쉬지 않는 시끄러운 인간세상에서 종교는 진리를 가르치고 도덕을 실행하며 양심을 찾아서 살아가는 길을 연다는 뜻에서 쓰는 말이다. (2)도교의 다른 말. 불교를 불가佛家, 유교를 유가儒家라 부르는 것처럼 도교를 도가라 이른다. 도교를 종교, 도가를 철학으로 구분하는 경우도 있는데, 이 경우 도가사상은 노장老莊사상이 주류를 이룬다.

도가에 세 가지 어려운 일 | 풀이 |

대종사 말씀하시기를
[도가에 세 가지 어려운 일이 있으니,
하나는 일원의 절대 자리를 알기가 어렵고,
둘은 일원의 진리를 실행에 부합시켜서 동과 정이 한결같은 수행을 하기가 어렵고,
셋은 일원의 진리를 일반 대중에게 간명하게 깨우쳐 알려 주기가 어렵나니라.

이 법문 역시 「부촉품」 3장에서 『정전』을 '말로 배우고, 몸으로 실행하고,
마음으로 증득하여, 이 법이 후세 만대에 전하게 하라' 라고 말씀하신 바와 같습니다.
'일원의 절대 자리'를 아는 것은 '증득'과 상통하고,
'동과 정이 한결같은 수행'은 '몸으로 실행'하는 것과 상통하고,
'일반 대중에게 간명하게 깨우쳐 알려주'는 것은 '말로 배우는' 것과 상통합니다.
또한 삼학의 관점에서 증득은 정신수양, 배우는 것과 알려주는 것은 사리연구,
실행하는 것은 작업취사와 연결지어 볼 수도 있겠습니다.

깨우침의 순서로 보자면 '말로 배우고, 몸으로 실행하고, 마음으로 증득' 하는 순서가 될 수 있지만,
실행하는 순서로 보자면 '일원의 절대 자리를 알' 아서, '동과 정이 한결같은 수행을 하'고, '대중에게 간명하게 깨우쳐 알려주' 는 순서가 될 것입니다.
결국 하나의 순환 구조입니다.

일원의 진리를 깨닫기도 어렵고,
깨달은 대로 수행하기도 어렵고,
알려주기도 어려운 것입니다.

그러나, 수도인이 마음을 굳게 세우고 한 번 이루어 보기로 정성을 다하면
아무리 어려운 일이라도 쉬운 일이 되어질 것이요,
이무리 쉬운 일이라도 안하려는 사람과 하다가 중단하는 사람에게는
다 어려운 일이 되나니라.]

어렵지만 '마음을 굳게 세우고', '정성'을 다하기를 부촉하십니다.
다른 법문도 마찬가지지만 이 법문도 대종사님의 경험에 바탕했을 것입니다.
대종사님도 어려운 과정을 겪으면서 깨닫고, 수행하고, 가르치셨던 것입니다.
어려운 일이지만 마음먹고 꾸준히 정성을 들임에 따라
어려운 일도 쉬워진다고 용기를 북돋아 주십니다.

대종사님께서 이 법문을 하신 목적은 무엇일까요?
이 세 가지 일이 '어렵다'는 것을 알려주기 위함일까요?
그것보다는 대종사님의 제자라면 이 일들이 비록 어려워도
반드시 해내야 한다는 가르침을 주시기 위해서 이 법문을 하셨겠지요.
미리 포기하거나 중단하지 말라는 부촉의 말씀입니다.

배움이 어렵지만 배움에는 반드시 기쁨이 따라오고,
수행이 비록 어렵지만 수행에는 반드시 기쁨이 따라오고,
일원의 절대 자리를 아는 깨달음이 어렵지만 반드시 깨달음의 기쁨이 찾아옵니다.
끝까지 어렵고 고통스러운 것이 아닙니다.
그 길을 가보지 않은 사람들은 맛볼 수 없는 무한한 기쁨을 맛볼 수 있습니다.

나의 마음공부

- 나는 '일원의 절대 자리'를 어느 정도나 아나요?

- 나는 '일원의 진리를 실행에 부합시켜서 동과 정이 한결같은 수행'을 얼마나 잘하고 있나요?

- 나는 '일원의 진리를 일반 대중에게 간명하게 깨우쳐 알려' 줄 수 있나요?

- 나는 이 세 가지 일을 '마음을 굳게 세우고 한 번 이루어 보기로 정성을 다하'고 있나요?

대종사 말씀하시기를
[천지에 우로雨露의 덕을 어리석은 사람은 알지 못하고
세상에 성인의 덕을 범부들은 알지 못하나니,
그러므로 날이 가문 뒤에야 비의 고마움을 사람들이 다 같이 알게 되고,
성인이 떠난 뒤에야 그 법의 은덕을 세상이 고루 깨닫게 되나니라.]

『대종경』「부촉품」13장

성인이 떠난 뒤에야 | 풀이 |

대종사 말씀하시기를
[천지에 우로雨露의 덕을 어리석은 사람은 알지 못하고
세상에 성인의 덕을 범부들은 알지 못하나니,

소태산 대종사님은 '천지은'을 설명하시면서
'없어서는 살지 못할 관계가 있다면 그같이 큰 은혜가 또 어디에 있으리요'라고
말씀하셨습니다.
대종사님은 '아무리 천치天痴요 하우자下愚者라도 천지 없어서는 살지 못할 것을 다 인증할
것'이라고 생각하셔서 가장 쉬운 설명을 하신 것입니다.
이 말씀을 듣고 생각해보면 '천지'의 은혜를 새삼스럽게 알게 됩니다.
하지만 이 말씀과는 달리 '천지'는 늘 소리 없이, 너무나도 당연하게 존재하고 있으니
누구나 '천지'의 은혜를 쉽게 느끼는 것이 그렇게 쉽지만은 않습니다.
설명을 들을 때는 이해하지만 늘 느끼고 깨닫기가 쉽지 않습니다.

'천지은'과 '성인의 덕'도 마찬가지입니다.
천지가 늘 있기에, 늘 당연히 우리 곁에 존재하기에 그 은혜를 잘 느끼지 못하듯이
성인도 우리 곁에 존재할 때는 그 은혜를 잘 느끼지 못합니다.

그러므로 날이 가문 뒤에야 비의 고마움을 사람들이 다 같이 알게 되고,
성인이 떠난 뒤에야 그 법의 은덕을 세상이 고루 깨닫게 되나니라.]

어리석은 사람은 '날이 가문 뒤에야 비의 고마움'을 알고,
지혜로운 사람은 날이 가물기 전에도 비의 고마움을 압니다.
어리석은 사람은 '성인이 떠난 뒤에야 그 법의 은덕을' 깨닫게 되고,

지혜로운 사람은 성인이 떠나기 전에도 그 법의 은덕을 깨닫습니다.

대종사님의 법문은 여기서 마무리되었습니다만,
제자들은 생각해보아야 합니다.
대종사님이 떠나시기 전에도 그 은혜를 아는 사람인지,
대종사님이 떠나시기 전에는 그 은혜를 모르는 사람인지.
그리고,
늘 쉽게 접하는 대종사님 교법의 은혜를 얼마나 느끼는지도 반조해야겠습니다.

나의 마음공부

• 나는 성인의 '은혜'를 언제 많이 느끼나요?

• 나는 '성인의 덕'을 얼마나 알고 있나요?

• 나는 대종사님의 은혜를 언제 많이 느끼나요?

• 언제쯤 세상 사람들이 대종사님의 '법의 은덕'을 '고루 깨닫게' 될까요?

14

계미(1943) 오월 십육일 예회에 대종사 대중에게 설법하시기를
[내가 방금 이 대각전으로 오는데,
여러 아이들이 길가 숲에서 놀다가 나를 보더니 한 아이가 군호를 하매
일제히 일어서서 경례를 하는 것이 퍽 질서가 있어 보이더라.
이것이 곧 그 아이들이 차차 철이 생겨나는 증거라,
사람이 아주 어린 때에는 가장 가까운 부모 형제의 내역과 촌수도 잘 모르고
그에 대한 도리는 더욱 모르고 지내다가
차차 철이 나면서 그 내역과 촌수와 도리를 알게 되는 것 같이
공부인들이 미한 때에는 불보살 되고 범부 중생되는 내역이나,
자기와 천지 만물의 관계나, 각자 자신 거래의 길도 모르고 지내다가
차차 공부가 익어 가면서 그 모든 내역과 관계와 도리를 알게 되나니,
그러므로 우리가 도를 알아 가는 것이
마치 철없는 아이가 차차 어른 되어가는 것과 같다 하리라.
이와 같이, 아이가 커서 어른이 되고 범부가 깨쳐 부처가 되며,
제자가 배워 스승이 되는 것이니,
그대들도 어서어서 참다운 실력을 얻어 그대들 후진의 스승이 되며,
제생의세의 큰 사업에 각기 큰 선도자들이 되라.

음부경陰符經에 이르기를
"생生은 사死의 근본이요, 사는 생의 근본이라" 하였나니,
생사라 하는 것은 마치 사시가 순환하는 것과도 같고,
주야가 반복되는 것과도 같아서,
이것이 곧 우주 만물을 운행하는 법칙이요 천지를 순환하게 하는 진리라,
불보살들은 그 거래에 매하지 아니하고 자유하시며,

범부 중생은 그 거래에 매하고 부자유한 것이 다를 뿐이요,
육신의 생사는 불보살이나 범부 중생이 다 같은 것이니,
그대들은 또한 사람만 믿지 말고 그 법을 믿으며,
각자 자신이 생사 거래에 매하지 아니하고 그에 자유할 실력을 얻기에 노력하라.

우리가 이와 같이 예회를 보는 것은 마치 장꾼이 장을 보러 온 것과도 같나니,
이왕 장을 보러 왔으면 내 물건을 팔기도 하고 남의 물건을 소용대로 사기도 하여
생활에 도움을 얻어야 장에 온 보람이 있으리라.
그런즉, 각자의 지견에 따라 유익될 말은 대중에게 알려도 주고
의심 나는 점은 제출하여 배워도 가며 남의 말을 들어다가 보감도 삼아서
공왕공래空往空來가 없도록 각별히 주의하라.
생사가 일이 크고 무상은 신속하니 가히 범연하지 못할 바이니라.]

『대종경』「부촉품」14장

- **음부경 陰符經** : 도가道家의 사상을 수용한 병법兵法 책. 447자의 단문으로, 구성은 신선포일연도神仙抱一演道, 부국안민연법富國安民演法, 강병전승연술强兵戰勝演術의 3장이다. 도교에서 경전으로 받들이며, 이에 따라 경經이란 글자도 붙게 되었다. 원래 병가에 속하는 『주서음부周書陰符』와 도가에 속하는 『황제음부黃帝陰符』의 두 종류가 있었는데, 현재는 『도장道藏』 27권에 후자만이 전한다. 이는 중국 신화시대의 황제가 저술했다고 전하며, 북위시대의 도사 구겸지寇謙之가 명산에 감추어서 후세에 전한 것을 당나라의 이전李筌이 숭산의 석실에서 발견했는데, 그 때 여산의 노모인 여선女仙을 만나 음부에 따른 비문秘文을 해석했다고 한다. 음양이론과 생사의 문제 등을 다루고 있으며, 우리나라에도 일찍부터 유행했다. 소태산대종사의 대각 후에 열람한 경전의 하나로, 봉래산 주석기에 휴대하여 원불교 최초의 교리서『수양연구요론』의 의두문목疑頭問目에 다수 채록되었다.
- **군호 軍號** : 군중軍中에서 나발·기·화살 따위를 이용하여 신호를 보냄. 또는 그 신호.

어서어서 참다운 실력을 얻어 | 풀이 |

계미(1943) 오월 십육일 예회에 대종사 대중에게 설법하시기를

소태산 대종사님의 최후 법문입니다.
기록에 의하면 이 법회 후에 발병하셔서 회복하지 못하십니다.
6월 1일에 열반에 드시니 불과 열반 보름 진에 설하신 이 생애 마지막 법문입니다.

[내가 방금 이 대각전으로 오는데,
여러 아이들이 길가 숲에서 놀다가 나를 보더니 한 아이가 군호를 하매
일제히 일어서서 경례를 하는 것이 퍽 질서가 있어 보이더라.
이것이 곧 그 아이들이 차차 철이 생겨나는 증거라,

아마 추측하건대 아이들이 대종사님을 향해서 "차렷, 경례!" 같은 군대식 신호로
일제히 경례를 했나 봅니다.
그 모습이 질서 있어 보였다고 하시며 '아이들이 차차 철이 생겨나는 증거'라고
해석하십니다.
기특하고 대견하게 보신 것 같습니다.

사람이 아주 어린 때에는 가장 가까운 부모 형제의 내역과 촌수도 잘 모르고
그에 대한 도리는 더욱 모르고 지내다가
차차 철이 나면서 그 내역과 촌수와 도리를 알게 되는 것 같이

'철'이 나는 것을 여러 가지로 설명할 수 있겠는데
대종사님은 '부모 형제의 내역과 촌수'와 '도리'를 알게 되는 것으로 설하십니다.
공교롭게도 이 예화는 대종사님이 9세의 어린이였을 때,

'나를 생각한즉 내가 스스로 의심이 되고, 부모와 형제간을 생각한즉 부모와 형제간 되는 일이 의심이 되고, 물건을 생각한즉 물건이 또한 의심이 되고, 주야가 변천하는 것을 생각한즉 그것이 또한 의심이 되어, 이 의심 저 의심이 한 가지로 대종사를 답답하게 하였다.'라는 『원불교 교사圓佛敎史』의 내용과 일맥상통합니다.
'부모 형제의 내역과 촌수'라는 법문의 대목이 '부모와 형제간을 생각한즉 부모와 형제간 되는 일이 의심이 되고'라는 '교사敎史'의 내용과 거의 같습니다.

공부인들이 미한 때에는 불보살 되고 범부 중생되는 내역이나,
자기와 천지 만물의 관계나, 각자 자신 거래의 길도 모르고 지내다가
차차 공부가 익어 가면서 그 모든 내역과 관계와 도리를 알게 되나니,

'부모와 형제의 내역과 촌수'만이 아니라,
'불보살 되고 범부 중생되는 내역',
'자기와 천지 만물의 관계',
'각자 자신 거래의 길'을 모르고 지내다가
'그 모든 내역과 관계와 도리를 알게 되'는 것을 아이들이 철드는 것으로 보셨습니다.
교리적으로 보자면 '인과의 이치'를 알게 되었다고 할 수 있습니다.
'내역', '관계', '거래의 길', '도리' 등은 결국 '은혜'와 '인과의 이치', '생사 거래의 도', '인도 정의의 공정한 법칙' 또는 '인도' 등을 의미한다고 새길 수 있습니다.

그러므로 우리가 도를 알아 가는 것이
마치 철없는 아이가 차차 어른 되어가는 것과 같다 하리라.
이와 같이, 아이가 커서 어른이 되고 범부가 깨쳐 부처가 되며,
제자가 배워 스승이 되는 것이니,

요컨대, '인과보응의 이치', '은혜'의 '관계'와 '도리', '거래의 길'을 깨닫는 것이
곧 진리를 깨닫는 것입니다.
범부가 부처가 되고, 제자가 스승이 되려면 이 같은 진리를 깨달아야 합니다.

그대들도 어서어서 참다운 실력을 얻어 그대들 후진의 스승이 되며,
제생의세의 큰 사업에 각기 큰 선도자들이 되라.

범부가 '스승'이 되고 '제생의세의 큰 선도자'가 될 수는 없습니다.
'참다운 실력'을 얻어야만 합니다.
'어서어서 참다운 실력을 얻'으라는 대종사님의 부촉입니다.

그리고 이 말씀에 이어서 바로 생사 법문을 해주십니다.

음부경陰符經에 이르기를
"생生은 사死의 근본이요, 사는 생의 근본이라" 하였나니,
생사라 하는 것은 마치 사시가 순환하는 것과도 같고,
주야가 반복되는 것과도 같아서,
이것이 곧 우주 만물을 운행하는 법칙이요 천지를 순환하게 하는 진리라,

생과 사가 서로 근본해 있다고 보셨습니다.
생과 사가 따로 떨어져 있는 별개의 것이 아니라고 가르쳐주십니다.
계절이 춘하추동에서 다시 춘하추동으로 끝없이 순환하는 것과 같이
삶과 죽음도 생과 사, 다시 생과 사로 순환무궁한다고 보셨습니다.
하루가 낮과 밤, 다시 낮과 밤으로 순환 반복하는 것과도 같다고 보셨습니다.
이런 이치가 '우주 만물을 운행하는 법칙', '천지를 순환하게 하는 진리'라고
설하십니다.

이 말씀은 다음과 같은 법문과 일맥상통합니다.
'생로병사의 이치가 춘하추동과 같이 되는 줄을 알며' - 「일원상 법어」,
'무상으로 보면 우주의 성주괴공과 만물의 생로병사와 사생의 심신작용을 따라 육도로 변화를 시켜' - 「일원상 서원문」

'잘 죽는 사람이라야 잘 나서 잘 살 수 있으며, 잘 나서 잘 사는 사람이라야 잘 죽을 수 있다는 내역과, 생은 사의 근본이요 사는 생의 근본이라는 이치를 알기 때문이니라.'
- 「천도품」1장

"사람의 생사는 비하건대 눈을 떴다 감았다 하는 것과도 같고, 숨을 들이 쉬었다 내쉬었다 하는 것과도 같고, 잠이 들었다 깼다 하는 것과도 같나니, 그 조만의 차이는 있을지언정 이치는 같은 바로서 생사가 원래 둘이 아니요 생멸이 원래 없는지라, 깨친 사람은 이를 변화로 알고 깨치지 못한 사람은 이를 생사라 하나니라." - 「천도품」8장

'우주는 성·주·괴·공으로 변화하고, 만물은 생·로·병·사를 따라 육도와 사생으로 변화하고, 일월은 왕래하여 주야를 변화시키는 것과 같이 너의 육신 나고 죽는 것도 또한 변화는 될지언정 생사는 아니니라.' - 「천도품」5장

이 같은 법문에서 볼 수 있는 대종사님이 생사관은 『정전』과 『대종경』의 여러 법문들에서도 일관됩니다.

불법에 바탕해서 교법을 펴신 대종사님께서 도가의 경전인 『음부경』을 인용한 점은 새롭습니다. 참고로 『대종경풀이』(유성태)에 의하면 『음부경』에서 인용한 원문은 '生者死之根 死者生之根' 입니다.

불보살들은 그 거래에 매하지 아니하고 자유하시며,
범부 중생은 그 거래에 매하고 부자유한 것이 다를 뿐이요,
육신의 생사는 불보살이나 범부 중생이 다 같은 것이니,

생사의 이치는 불보살이나 범부 중생에게 동일하게 적용됩니다.
누구든지 육신의 생사를 피할 수는 없습니다.
하지만 영혼의 거래에서 차이가 납니다.
불보살은 수행으로 마음의 힘을 갖춰서 생사 거래의 이치를 밝게 알아서
생사 거래를 자유롭게 합니다.

한편 범부 중생은 수행력이 모자라서 생사 이치에 어둡고
그래서 생사 거래를 자유롭게 하지 못합니다.
생사의 이치를 알아야 생사 거래에 매昧하지 않습니다.

다음 법문들도 같은 내용입니다.
'부처와 조사는 자성의 본래를 각득하여 마음의 자유를 얻었으므로 이 천업을 돌파하고 육도와 사생을 자기 마음대로 수용하나, 범부와 중생은 자성의 본래와 마음의 자유를 얻지 못한 관계로 이 천업에 끌려 무량 고를 받게 되므로, 부처와 조사며 범부와 중생이며 귀천과 화복이며 명지장단命之長短을 다 네가 짓고 짓나니라.' -「천도품」5장

'범부 중생은 육도의 윤회와 십이 인연에 끌려 다니지마는 부처님은 천업天業을 돌파하고 거래와 승강을 자유자재하시나니라.' -「불지품」6장

그대들은 또한 사람만 믿지 말고 그 법을 믿으며,
각자 자신이 생사 거래에 매하지 아니하고 그에 자유할 실력을 얻기에 노력하라.

생사에 해탈을 얻는 것은 어떤 '사람'을 믿어서 되는 일이 아닙니다.
생사의 이치를 깨달아서 그 이치에 따라 거래를 자유롭게 할 수 있어야 합니다.
'사람만 믿지 말고 그 법을 믿으'라는 말씀의 의미입니다.
석가모니 부처님의 최후 법문인 '법등명法燈明 자등명自燈明'과 상통합니다.

지혜가 밝아야 생사 거래에 어둡지(昧)않습니다.
생사 거래에 자유할 만큼의 마음의 힘, 수행력을 갖추라고 부촉하십니다.
본인의 열반을 예감한 상태에서 제자들에게 남기는 간절한 법문입니다.

그리고 생사 법문에 이어서 회상에 함께한 목적에 대한 부촉의 말씀을 하십니다.

우리가 이와 같이 예회를 보는 것은 마치 장꾼이 장을 보러 온 것과도 같나니,
이왕 장을 보러 왔으면 내 물건을 팔기도 하고 남의 물건을 소용대로 사기도 하여
생활에 도움을 얻어야 장에 온 보람이 있으리라.

회상에 동참한 목적을 잊지 말라는 부촉의 말씀입니다.
교단에 와서 구하고자 하는 바를 반드시 구하라는 말씀입니다.
새 회상의 문을 열고 제자들과 함께 신앙과 수행을 하며 동고동락한 대종사님으로선
모든 제자들에게 유익을 주는 회상이 되기를 바라셨을 것입니다.
하지만 본인들의 노력이 동반되어야 하는 것이기에
회상을 '장', 제자들은 '장꾼'에 비유해서 법문을 하십니다.
제자들이 바라는 바를 얻어야 제자들에게도 '보람'이 있고
회상을 연 대종사님께도 '보람'이 있기 때문입니다.
대종사님은 같은 주제의 법문을 「교단품」 22장에서 제자들을 '옹기 장수'에 비유해서
하신 바 있습니다. 참고하면 법문 이해에 도움이 될 것입니다.

그런즉, 각자의 지견에 따라 유익될 말은 대중에게 알려도 주고
의심 나는 점은 제출하여 배워도 가며 남의 말을 들어다가 보감도 삼아서
공왕공래空往空來가 없도록 각별히 주의하라.

회상에 동참하여 함께 공부하는 공부인이라면
서로 도와가며 적극적으로 훈련해서 서로 유익을 주고 진급하도록 부촉하십니다.

생사가 일이 크고 무상은 신속하니 가히 범연하지 못할 바이니라.]

생사 대사의 해결을 의두로 주십니다.
수행 정진으로 가장 크고 급한 숙제를 해결하라고 부촉하십니다.

나의 마음공부

• 나는 '자기와 천지 만물의 관계나, 각자 자신 거래의 길'을 잘 알고 있나요?

• 나는 '생사 거래'에 매昧하지 않고 자유로울 수 있나요?

• 나는 범부 중생에서 불보살로 진급하고 있나요?

• 나는 '제생의세의 큰 사업'에 '큰 선도자'가 되고 있나요?

대종사 말씀하시기를
[우리의 사업 목표는 교화·교육·자선의 세 가지니
앞으로 이를 늘 병진하여야 우리의 사업에 결함이 없으리라.]

『대종경』「부촉품」 15장

우리의 사업 목표는 교화·교육·자선　| 풀이 |

대종사 말씀하시기를
[우리의 사업 목표는 교화·교육·자선의 세 가지니
앞으로 이를 늘 병진하여야 우리의 사업에 결함이 없으리라.]

신앙과 수행을 병진하고,
공부와 사업을 병진하고,
이사 병행, 영육쌍전을 지향하는 교법의 특징을 잘 드러내는 법문입니다.
종교의 역할이 주로 '교화'에 치중하는 것이 상례인데,
소태산 대종사님은 '교화·교육·자선의 세 가지'를 '병진'하도록 합니다.

이 세 가지 사업 부문은 사회 발전과 문명의 발전에 필수적입니다.
대종사님의 교법이 원만함을 지향하듯이
사업도 당연히 원만하게 세 분야를 병진할 것을 부촉하십니다.
'교화' 사업이 '진리적 종교의 신앙과 사실적 도덕의 훈련'을 담당한다면,
'교육' 사업은 과학 교육과 도덕 교육으로 사회와 문명을 유지 발전하게 하며,
'자선' 사업은 세상을 평등하게 하여 사람들의 안녕과 행복을 증진하게 합니다.
'자선慈善'은 요즘의 '복지福祉' 개념으로 보아도 될 것입니다.

'사은 사요'를 신앙의 강령으로 삼고,
'삼학 팔조'를 수행의 강령으로 삼아 '정기훈련'과 '상시훈련'의 훈련체계까지 갖춘
원불교의 교리를 사회에 적용하면 교화·교육·자선의 사업으로
자연스럽게 연결될 수밖에 없습니다.
소태산 대종사의 교법 자체가 이미 이 세 가지 사업을 지향하고 있습니다.
교법을 실현하면 바로 이 세 가지 사업이 추진되는 셈입니다.

현재 교단은 국내외 각지의 교당에서 교화 사업을 하고,
대학교를 비롯해서 유아교육 기관 등을 운영해서 교육 사업을 하고,
다수의 사회복지 시설을 운영해서 자선 복지 사업을 활발히 전개하고 있습니다.
대종사님께서 부촉하신 바를 후진들이 유념해서 실행한 결과입니다.
앞으로도 교단은 이 세 가지 부문을 균형적으로 발전시켜야 할 것입니다.

또한 교당에서도 교화만이 아니라 교육과 자선(복지)을 병진하고,
교육기관에서도 교화와 자선(복지)을 병진하고,
자선(복지)기관에서도 교화와 교육을 병진하는 것이
대종사님의 '병진'의 가르침을 실현하는 길이 될 것입니다.

정산 종사님은 세 가지 사업 목표에 대해서
"우리가 사은의 지중한 은혜를 알아 그 은혜에 보답하는 세 가지 사업이 있나니, 교육과 교화와 자선이라, 자신이 교육을 받은 후에는 후진을 가르치고 이웃을 교화하며 자비와 선행을 널리 베풀어 교육 교화 자선을 아울러 실천하라. 교육 교화 자선은 교단의 세 가지 사업 목표일 뿐 아니라 우리 공도 사업자들의 영생의 세 가지 봉공 요건이니라."-「공도편」47장 라고 설하신 바 있습니다.

『원불교 교사』는 교단의 삼대 목표에 대해 다음과 같이 서술한 바 있습니다.
"대종사, 평소에 말씀하시기를 '우리의 사업 목표는 교화·교육·자선의 세 가지니, 앞으로 이를 늘 병진하여야 우리의 사업에 결함이 없으리라' 하시고, 이 3대 목표의 사업 기관을 고루 시설해 보시려고 노력하시었으나, 험난한 시국 관계로 그 뜻을 다 펴지 못하고 떠나시었다. 해방 후, 「원불교 교헌」은 '본교는, 유치원·학교·수양원·요양원·병원·양로원·고아원 등을 수의隨宜 설치한다'고 하고, '유치원· 학교는 일반 교육기관으로, 수양원·요양원은 본교 유공인의 수양과 요양기관으로, 병원·양로원·고아원은 일반 자선기관으로 한다'고 규정하여, 교단은 이 3대목표 사업 기관의 균형 있는 확립을 지향하기 시작하였다."

또한 교단 창립 1대 36년간의 사업을 다음과 같이 세 가지 부문으로 결산합니다.
"창립 제1대의 총교도수는, 의무 교도 32,244명, 일반 신도 290,196명, 합계 322,440명으로 되어 있으며, 전무출신은 260여명이고, 교당은 익산·이리·남선·수계·삼례·영산·신흥·대마·도양·광주·봉동·왕촌·서울·개성·춘천·마령·전주·좌포·관촌·중길·임실·장수·당리·경남·초량·용암·진영·다대·금산·용신·신태인·화해·정읍·승부·남원·운봉·호곡·금평·오수·군산 등 40개 교당에, 함열·덕룡·산서·목동·인월·창평·순창·목포·마산·부안 등 준지소准支所를 합하여 50개 교당으로 되어 있는 바, 여기에 열거되지는 아니하였으나, 원기 26년(1941·辛巳)에 장적조가 만주 목단강에 교당 설립을 모색, 박 대완 교무를 파송까지 하였다가 일정의 탄압으로 철수한 일은 국외 포교 제2차의 사실이었다.

또한, 기관은, 교육기관이 원광 대학, 원광 중고등학교, 도양의 원광 중학원 등 3개, 자선 기관이 서울 보화원, 익산 보화원, 신룡 양로원, 전주 양로원, 기타 등 7개, 산업 기관이 삼창 공사, 보화당 약방, 유일 정미소, 삼창 과원, 이흥 과원, 영산 과원, 금산 과원 등 7개소였고, 출판 기관인 원광사를 합하여 모두 18개 기관이었다."
후진들이 대종사님께서 부촉하신 대로 교단을 운영함을 여실히 보여주는 자료입니다.

대종사님께서 부촉하신 교단 사업 목표 세 가지는 지금도 교단 정책으로 실행되고 있으며 앞으로도 지켜질 것입니다.
그래야 대종사님께서 꿈꾸신 '완전무결한 회상', '참 문명 세계' 건설이 가능하고, '광대무량한 낙원' 건설이 가능할 것입니다.

나의 마음공부

• 나는 교단이 전개하는 교화·교육·자선 사업 현황을 잘 알고 있나요?

• 나는 주로 어떤 사업에 합력하고 있나요?

• 나는 어떤 사업에 관심을 가지고 있나요?

• 나는 교화·교육·자선의 세 가지 사업을 권장하신 대종사님의 뜻을 내 사업에서도 실행하고 있나요?

16

대종사 말씀하시기를
[나의 교법 가운데
일원을 종지로 한 교리의 대강령인 삼학 팔조와 사은 등은
어느 시대 어느 국가를 막론하고 다시 변경할 수 없으나,
그 밖의 세목이나 제도는
그 시대와 그 국가에 적당하도록 혹 변경할 수도 있나니라.]

『대종경』「부촉품」 16장

교리의 대강령인 삼학 팔조와 사은 | 풀이 |

대종사 말씀하시기를
[나의 교법 가운데
일원을 종지로 한 교리의 대강령인 삼학 팔조와 사은 등은
어느 시대 어느 국가를 막론하고 다시 변경할 수 없으나,

원불교 신앙의 강령은 '사은·사요'이며, 수행의 강령은 '삼학·팔조'입니다.
소태산 대종사님께서는 『정전』「인생의 요도人生要道와 공부의 요도工夫要道」에서
"사은·사요는 인생의 요도요, 삼학·팔조는 공부의 요도인 바, 인생의 요도는 공부의 요도가 아니면 사람이 능히 그 길을 밟지 못할 것이요, 공부의 요도는 인생의 요도가 아니면 사람이 능히 그 공부한 효력을 다 발휘하지 못할지라, 이에 한 예를 들어 그 관계를 말한다면, 공부의 요도는 의사가 환자를 치료하는 의술과 같고, 인생의 요도는 환자를 치료하는 약재와 같나니라."라고 신앙과 수행의 관계를 설명해주셨습니다.
이뿐만 아니라 여러 법문에서 사은·사요와 삼학·팔조가 원불교 교법의 중추요 핵심임을 설하십니다.

'천하 사람이 다 행할 수 있는 것은 천하의 큰 도요, 적은 수만 행할 수 있는 것은 작은 도라 이르나니, 그러므로 우리의 일원 종지와 사은 사요 삼학 팔조는 온 천하 사람이 다 알아야 하고 다 실행할 수 있으므로 천하의 큰 도가 되나니라.' -「교의품」2장
라고도 설하셨습니다.

「교리도」에서는 '일원은 법신불이니 우주만유의 본원이요, 제불제성의 심인이요, 일체 중생의 본성이다.'라고 했으니 '우주만유의 본원'은 '사은'에 상응하고, '제불제성의 심인, 일체 중생의 본성'은 '삼학' 수행과 연결된다고 할 수 있습니다.

이렇듯 일원一圓 종지宗旨와 사은·사요 삼학·팔조의 교리 강령은 원불교에서 통상적으로 불변의 교리로 인식됩니다.

그 밖의 세목이나 제도는
그 시대와 그 국가에 적당하도록 혹 변경할 수도 있나니라.]

그런데 본 법문 「부촉품」 16장에서는 '사요'를 제외하고 '사은'과 '삼학·팔조'만을
'교리의 대강령'이라고 칭하며 '변경'할 수 없다고 규정하고,
'그 밖의 세목이나 제도'는 '변경'할 수 있다고 하셨습니다.
'사요'를 변경할 수 있는 교리의 '세목'에 포함하신 것입니다.
『정전』에는 이들 교리 외에도 많은 교리 내용이 포함되어 있습니다.
나머지 교리의 분량에 비하면 사은과 삼학·팔조는 일부에 지나지 않습니다.
예컨대, 『정전』은 '총서편', '교의편', '수행편'으로 나뉘어 있는데,
'수행편'만 보더라도 17개 수행법이 기술되어 있습니다.
이 내용들이 모두 교리의 '세목'인 셈입니다.
소중한 내용이지만 '변경할 수도' 있는 것입니다.
또한 교단의 여러 '제도'들 역시 교리 세목과 같이 '변경할 수도' 있는 것입니다.

요컨대, '사요四要'의 내용은 '자력 양성·지자 본위·타자녀 교육·공도자 숭배'인데,
'그 시대와 그 국가에 적당하도록 혹 변경할 수도 있'다고 하신 것입니다.

불변의 교리처럼 강조하던 교리를 왜 변경할 수도 있다고 여지를 두신 것일까요?
'사요'의 내용이 그 당시 사회 실정에 맞춘 내용이기 때문입니다.
교리적으로 본다면 사실 '사은'의 교리만 실행을 잘해도
'사요'의 내용을 실현할 수 있다고 해석할 수 있습니다.
그런데도 대종사님께서 '사요'를 신앙의 주요 강령으로 삼으신 것은
그 시대 상황에 맞는 평등 세상을 구현하려는 목적 때문입니다.
반드시 해결해야 할 시대적 과제를 교리로 삼아 강령화했다고 할 수 있습니다.

현재의 '사요'는 이 시대에 필요한 내용으로 구조화된 것입니다.
따라서 사요가 상당히 실행되어서 이상적인 사회가 실현된다면
사요의 내용은 바뀌는 것이 마땅한 것입니다.

이런 관점에서 보자면 '사요'의 세목은 시대적 상황에 따라 바뀔 수 있는 것입니다.
더구나 원불교의 세계화, 교법의 세계화를 감안한다면
'사요' 내용은 지역에 따라 시의적절하게 바꿀 필요가 있습니다.
시대적·사회적 상황과 상관없이 사은과 삼학 팔조의 교리는 누구나 지켜야 하지만,
'사요'의 교리는 유연하게 변경할 수 있어야 한다고 전망하시고 부촉하신 것입니다.

'과거에 모든 교주敎主가 때를 따라 나오시어 인생의 행할 바를 가르쳐 왔으나 그
교화의 주체는 시대와 지역을 따라 서로 달랐나니, 비유하여 말하자면 같은 의학
가운데도 각기 전문 분야가 있는 것과 같나니라.'-「교의품」1장 라는 말씀과 같이,
과거에도 종교들의 교법이 '시대와 지역을 따라 서로 달랐'듯이
미래에도 일부 교법은 '시대와 지역을 따라 서로 달라'져야 마땅한 것입니다.

시대와 지역의 차이를 고려하지 않은 교법은 자칫하면 종교 본연의 목적에서 벗어나
사람들의 삶을 구속하는 질곡이 될 수 있습니다.
종교가에서 이런 사례는 매우 흔합니다.
시대화·생활화·대중화를 내세우는 원불교는 주요 교리의 내용에도 변경의 여지를 주고 있습니다.
미래 세상과 다양한 지역에 맞는 종교 역할을 할 수 있도록 창교 당시부터 교리적 유연성을 확보한 셈입니다.

'진리적 종교의 신앙과 사실적 도덕의 훈련'이라는 열린 개념을 「개교의 동기」에 적시하고, 「교법의 총설」에서도 '우리는 우주 만유의 본원이요, 제불제성의 심인心印인 법신불 일원상을 신앙의 대상과 수행의 표본으로 모시고, 천지·부모·동포·법률의 사은四恩과 수양·연구·취사의 삼학三學으로써 신앙과 수행의 강령을 정하였으며, 모든 종교의

교지敎늘도 이를 통합 활용하여 광대하고 원만한 종교의 신자가 되자는 것이니라.'라고
교법의 대강을 밝힌 점과 일맥상통합니다.
인용한 법문은 『대종경』의 여러 법문들과 달리 '사은'과 '삼학'만을 '신앙과 수행의
강령'으로 삼았습니다.
더구나 대종사님은 '모든 종교의 교지도 이를 통합 활용'한다고 밝혀서 새 회상 출범
당시부터 교리의 개방성과 유연성을 천명闡明하셨습니다.

『정전』「법위등급」 중 '대각여래위' 조항을 보면
'천만 방편으로 수기응변隨機應變히여 교화히되 대의에 어긋남이 없고 교화 받는
사람으로서 그 방편을 알지 못하게 하며'라는 대목이 있습니다.
교리의 '세목이나 제도'를 '그 시대와 그 국가에 적당하도록 혹 변경'하는 것은
'천만 방편으로 수기응변' 하는 것과 같습니다.

참고로 이런 '변경'은 '대소유무의 이치를 따라 인간의 시비이해를 건설하며,
현재 모든 종교의 교리를 정통'한 '출가위' 이상의 법력을 갖춘 분들이 해야 할 것입니다.
그래야 부작용과 후유증이 없는 변화가 가능할 것입니다.

진리에 불변과 변함의 양면이 있듯이
교리와 제도도 변하지 말아야 할 것과 변화해야 할 것이 있습니다.
'사은'과 '삼학·팔조'는 불변의 진리에 상응하는 교리라면,
'사요'는 진리의 변화하는 이치에 상응하는 교리라고 할 수 있습니다.
시간과 공간의 변화에 따라 적절히 변화해도 되는 교리인 것입니다.
원불교의 미래지향적 개방성과 유연성을 담보해주는 교리라고 할 수 있습니다.

이런 유연한 교리 체계를 갖추었기에 대종사님께서 교단의 미래에 대해서
'이 회상은 지나간 회상들과 달라서 자주 있는 회상이 아니요, 원시반본하는 시대를 따라서 나는 회상이라 그 운이 한량 없나니라.'-「전망품」30장 라고 밝게 전망하셨을 것입니다.

나의 마음공부

- 왜 '사은', '삼학 팔조'의 교리는 변경하지 말아야 할까요?

- 교리 중에서 현 시대와 사회 상황에 맞지 않아서 '변경'할 필요가 있는 내용이 무엇이라고 생각하나요?

- '사요'의 교리 내용이 언제쯤 다 실현되어서 교리를 '변경'할 때가 올까요?

- '광대하고 원만한 종교의 신자' – 「교법의 총설」가 되려면 어떻게 신앙하고 수행해야 할까요?

- 나는 교리의 '세목'이나 '제도'를 '그 시대와 그 국가에 적당하도록 혹 변경할 수도 있'는 법력을 갖추었나요?

17

대종사 말씀하시기를
[과거에는 도가나 정부나 민간에서
각각 차별 세우는 법을 주로 하여 여러 사람을 다스려 왔지마는
돌아오는 세상에는 어떠한 처지에서나 그 쓰는 법이 편벽되면
일반 대중을 고루 화하게 하지 못할 것이니,
그러므로 우리 회상에서는 재가 출가와 남녀 노소를 물론하고
대각한 도인이 나면 다 여래위로 받들 것이요,
생일이나 열반 기념일이나 기타 모든 행사에도 어느 개인을 본위로 할 것이 아니라,
이 회상을 창립한 사람이면
다 같이 한 날에 즐겨할 일은 즐겨하고 슬퍼할 일은 슬퍼하게 하여야 하리라.]

『대종경』「부촉품」 17장

일반 대중을 고루 화하게 | 풀이 |

대종사 말씀하시기를
[과거에는 도가나 정부나 민간에서
각각 차별 세우는 법을 주로 하여 여러 사람을 다스려 왔지마는

소태산 대종사님께서 과거의 법이 '차별' 위주의 법이었음을 지적하십니다.
'정부'나 '민간'만이 아니라 '도가' 즉, 종교에서도 차별이 성했음을 말씀하십니다.
대종사님은 『정전』「사요」'지자본위'에서 '과거 불합리한 차별 제도의 조목'을
' 1. 반상班常의 차별이요,
 2. 적서嫡庶의 차별이요,
 3. 노소老少의 차별이요,
 4. 남녀男女의 차별이요,
 5. 종족種族의 차별이니라.'라고 다섯 가지로 적시하십니다.

'과거 불합리한 차별 제도의 조목'의 '불합리不合理'란 '이치에 맞지 않음' 입니다.
교리적으로 보자면 '일원상의 진리', '생멸 없는 도와 인과보응되는 이치'에
부합하지 않고 어긋나는 것입니다.
이런 불합리한 차별이 있는 한 '광대무량한 낙원' 생활을 할 수 없습니다.

돌아오는 세상에는 어떠한 처지에서나 그 쓰는 법이 편벽되면
일반 대중을 고루 화하게 하지 못할 것이니,

'과거'의 세상이 '차별'과 '편벽'의 세상이었다면,
'돌아오는 세상'은 평등과 원만의 세상임을 뜻하는 말씀입니다.
'일반 대중'이 '고루 화' 하려면 불합리한 차별과 편벽된 법을 없애야 합니다.

이 작업에 따라서 '돌아오는 세상'이 빠르게 혹은 느리게 올 것입니다.

대종사님은 '과거 세상'과 '돌아오는 세상'에 대해서 이렇게 말씀하셨습니다.
"과거 세상은 어리고 어두운 세상이라, 강하고 지식 있는 사람이 약하고 어리석은 사람들을 무리하게 착취하여 먹고 살기도 하였으나, 돌아오는 세상은 슬겁고 밝은 세상이라, 비록 어떠한 계급에 있을지라도 공정한 법으로 하지 아니하고 공연히 남의 것을 취하여 먹지 못하리니, 그러므로 악하고 거짓된 사람의 생활은 점점 곤궁하여지고, 바르고 참된 사람의 생활은 자연 풍부하여지게 되리라." - 「전망품」22장
불합리한 차별과 편벽됨이 사라져야 '슬겁고 밝은 세상'이 도래할 것입니다.

그러므로 우리 회상에서는 재가 출가와 남녀 노소를 물론하고
대각한 도인이 나면 다 여래위로 받들 것이요,
생일이나 열반 기념일이나 기타 모든 행사에도 어느 개인을 본위로 할 것이 아니라,
이 회상을 창립한 사람이면
다 같이 한 날에 즐겨할 일은 즐겨하고 슬퍼할 일은 슬퍼하게 하여야 하리라.]

대종사님은 '정부'나 '민간'에서 행해지는 반상^{班常}의 차별, 적서^{嫡庶}의 차별,
노소^{老少}의 차별, 남녀^{男女}의 차별, 종족^{種族}의 차별 등에 대해서 다 언급하기보다는
'우리 회상'에서의 개선 방안에 대해 몇 가지 예를 들어 설명하십니다.

「서품」18장에서 '우리는 재가와 출가에 대하여 주객의 차별이 없이 공부와 사업의 등위만 따를 것이며, 불제자의 계통에 있어서도 재가 출가의 차별이 없이 할 것'이라고 설하신 바와 일맥상통합니다.
진리의 원만성과 평등성을 교단 제도에 반영한 것입니다.

역사적으로 제불제성님들의 교화 사업을 보면 모두 그 시대와 지역의 불합리한 차별과 편벽된 사상과 제도, 관습 등을 원만 평등하게 변혁하신 공통점을 발견할 수 있습니다.
이분들이 하나의 진리를 깨달으시니 '시방 삼계가 다 오가^{吾家}의 소유인 줄을 알며, 또는

우주 만물이 이름은 각각 다르나 둘이 아닌 줄을 알' 게 되어 자타의 차별과 국한, 경계가 무너지게 되고, '제불·조사와 범부·중생의 성품인 줄을 알' – 「일원상 법어」게 되니 차별 없고 평등한 세상을 꿈꾸지 않을 수 없었던 것입니다.
'광대무량한 낙원' – 「개교의 동기」, '대동' – 「도운편」35장 세상을 꿈꾸게 된 것입니다.

이러한 평등의 관점에서 새로운 회상을 건설하셨기 때문에
교도의 예법도 과거와 다를 수밖에 없었던 것입니다.
이런 배경에 의해 대종사님께서 교단 초창기부터 '신정예법'을 만들어서
공동 생일, 공동 제사 등을 시행하셨습니다.
평등의 정신에 기반해서 시대와 실생활에 맞는 이런 구체적인 예법이 시행되어야
'일반 대중을 고루 화하게' 해서 모두가 바라는 '낙원' 생활을 할 수 있을 것입니다.

진리를 깨달으시니 원만 평등한 세상을 꿈꾸게 되시고,
원만 평등한 세상을 꿈꾸시니 그에 맞는 교법과 제도를 만드시게 된 것입니다.
제자들에게 부탁하고 맡기고 싶은 일도 이와 같은 일인 것입니다.

나의 마음공부

• 나는 '일반 대중'이 '고루 화'하지 못하는 이유를 무엇이라고 생각하나요?

• 내가 가장 불합리하다고 생각하는 '차별 세우는 법'은 무엇인가요?

• 우리 회상에서 아직도 남아 있는 '재가 출가와 남녀 노소'의 차별이 있나요?

• '일반 대중을 고루 화하게' 하기 위해 내가 해야 할 일은 무엇인가요?

대종사 말씀하시기를
[그대들이 나의 법을 붓으로 쓰고 입으로 말하여
후세에 전하는 것도 중한 일이나,
몸으로 실행하고 마음으로 증득하여
만고 후세에 이 법통이 길이 끊기지 않게 하는 것은 더욱 중한 일이니,
그러하면 그 공덕을 무엇으로 가히 헤아리지 못하리라.]

『대종경』「부촉품」 18장

- **증득 證得** : 바른 지혜로써 진리를 깨달아 얻음. 오득悟得·증오證悟라고도 한다. 진리의 당체를 확실히 깨달아 얻는 것.
- **법통 法統** : 스승에서 제자로 계속 이어져 전해온 불법의 계통. 소태산 대종사는 석가모니 부처님께 연원을 둠으로써 불법의 법통을 이어받게 되었고, 이후 원불교는 정산종사·대산종사·좌산종사·경산종사로 법통이 이어져 오고 있다. 원불교의 법통은 주법主法인 종법사를 통해 이어지나 단전單傳이 아닌 공전公傳으로 이어진다. 참다운 법통은 사람에서 사람으로 전달되는 것이 아니라 마음에서 마음으로 전달되는 것이다. 따라서 몸으로 실행하고 마음으로 증득하는 것이 교법을 후세에 전하는 길이다.

만고 후세에 이 법통이 길이 끊기지 않게 | 풀이 |

대종사 말씀하시기를
[그대들이 나의 법을 붓으로 쓰고 입으로 말하여
후세에 전하는 것도 중한 일이나,

한 사람이 대종사님을 찾아와서
'선생께서는 참으로 견성 성불을 하셨나이까.'라고 질문하자
대종사님께서 '견성 성불은 말로 하는 것도 아니요 말만 듣고 아는 것도 아니므로,
그만한 지각을 얻은 사람이라야 그 지경을 알아볼 수 있는 것이며, 도덕의 참다운
가치는 후대의 천하 사람들이 증명할 바이니라.' - 「실시품」11장 라고 답하신 적이 있습니다.
자신이 견성을 해야 견성 도인을 알아볼 수 있는 것과 마찬가지로
'법'을 알아보는 안목이 열려야 '법'을 전할 수 있습니다.
법을 전하려 하기 전에 내가 먼저 법을 깨달아야 합니다.

몸으로 실행하고 마음으로 증득하여

글이나 말로 법이 온전히 전해진다면
경전을 읽은 사람 누구나 법을 알아보고 깨달아 전할 수 있을 것입니다.
다른 수행도 필요치 않을 것입니다.
'증득'을 위한 노력도 필요치 않을 것입니다.
사실은 그렇지 않습니다.

대종사님은 삼학 수행에 대해 다음과 같이 설하셨습니다.
'오래오래 계속하면'이라는 표현에 주목해야 합니다.

'우리가 정신 수양 공부를 오래오래 계속하면
정신이 철석같이 견고하여, 천만 경계를 응용할 때에 마음에 자주自主의 힘이 생겨
결국 수양력修養力을 얻을 것이니라.' - 「삼학」'정신수양'

'우리가 사리 연구 공부를 오래오래 계속하면,
천만 사리를 분석하고 판단하는 데 걸림 없이 아는 지혜의 힘이 생겨
결국 연구력을 얻을 것이니라.' - 「삼학」'사리연구'

'우리가 작업 취사 공부를 오래오래 계속하면,
모든 일을 응용할 때에 정의는 용맹 있게 취하고, 불의는 용맹 있게 버리는 실행의
힘을 얻어 결국 취사력을 얻을 것이니라.' - 「삼학」'작업취사'

요컨대, 삼학 '공부를 오래오래 계속' 해야
'결국' 수행의 결과인 삼대력(수양력, 연구력, 취사력)을 얻을 수 있는 것입니다.
말과 글로 수행의 결과를 온전히 얻을 수는 없습니다.
또한 삼학 수행을 위해서 '정기훈련법'과 '상시훈련법'까지 마련했으니
이런 수행법들이 모두 '몸으로 실행하고 마음으로 증득'하기 위한 방편인 셈입니다.
이런 수행 방법들을 모두 활용해서 수행에 공을 들여야 '증득'할 수 있고,
내가 증득한 다음에야 대종사님의 법을 '후세에 전하는' 일을 할 수 있습니다.

만고 후세에 이 법통이 길이 끊기지 않게 하는 것은 더욱 중한 일이니,
그러하면 그 공덕을 무엇으로 가히 헤아리지 못하리라.]

진리를 증득하기까지는 '붓'과 '입', 즉 글과 말에 의지해서 공부해야 하고,
'몸으로 실행'하는 공부에 공을 들여야 합니다.
그래서 진리를 '증득'한 다음에야 다른 공부인들에게 글과 말로 법을 전하고,
'몸으로 실행'하는 공부를 지도해서 '증득'의 길로 안내할 수 있습니다.
증득하지 못한 사람의 말과 글에는 법이 온전히 담기지 않습니다.

대종사님께서 '실행'과 '증득'을 먼저 말씀하신 까닭입니다.

공부길을 잡아서 꾸준히 그 길을 가서 공부의 공덕을 얻은 사람이어야
다른 사람을 공부길로 안내해서 목적지로 가는데 도움을 줄 수 있습니다.
이 사람은 아무리 많은 사람이라도 바른 공부길로 안내해서
공부의 결과를 얻게 할 수 있으니 '그 공덕을 무엇으로 가히 헤아리지 못'한다고
대종사님께서 말씀하신 것입니다.

주세불 소태산 대종사님의 법통을 잇는다는 것은
또 다른 소태산 대종사가 탄생하는 것과 마찬가지입니다.
용화회상의 주인을 묻는 제자에게 대종사님은
'하나하나 먼저 깨치는 사람이 주인이 되나니라.'라고 응답하셨습니다.
이렇게 진리를 깨닫고 법통을 잇는 공부인들이 대종사님 뒤를 이어 나와야
'광대무량한 낙원', '용화회상', '참 문명 세계'가 하루빨리 건설될 것입니다.
대종사님께서 법통 잇는 사람을 간절히 바라시는 이유입니다.

나의 마음공부

• 나는 대종사님의 법을 얼마나 정성스럽게 '붓으로 쓰고 입으로 말하'고 있나요?

• 나는 대종사님 법을 얼마나 '몸으로 실행'하고 있나요?

• 나는 대종사님 법을 얼마나 '마음으로 증득'했나요?

• 나는 대종사님의 법통을 이어가기 위해 어떤 공부에 공을 들여야 할까요?

대종사 말씀하시기를
[스승이 법을 새로 내는 일이나,
제자들이 그 법을 받아서 후래 대중에게 전하는 일이나,
또 후래 대중이 그 법을 반가이 받들어 실행하는 일이
삼위일체三位一體되는 일이라, 그 공덕도 또한 다름이 없나니라.]

『대종경』「부촉품」19장

• **삼위일체** 三位一體 : 세 가지의 것이 하나의 목적을 위하여 통합되는 일.

삼위일체三位一體 | 풀이 |

『대종경』의 마지막 법문입니다.

대종사 말씀하시기를
[스승이 법을 새로 내는 일이나,

원각성존 소태산 대종사님께서 일원의 진리를 대각하시고
'파란고해의 일체 생령'을 제도하시고자 새 법을 내시고 새 회상을 여시었습니다.
이 '법'이 없었다면 제자들이 배울 법도 없었을 것입니다.
당연히 새 회상의 문도 열리지 않았을 것입니다.

참고로 다음 법문을 보면 대종사님께서 스스로 당신의 교법에 대해서
얼마나 강한 자부심을 가지셨는지를 잘 알 수 있습니다.
"각처를 두루 돌아다닌 한 사람이 대종사를 뵈옵고 찬탄하기를 [강산을 두루 돌아다녔 사오나 산 가운데는 금강산이 제일이었고, 사람을 두루 상대하였사오나 대종사 같은 어른은 처음 뵈었나이다.] 대종사 말씀하시기를 [그대가 어찌 강산과 인물만 말하는가. 고금 천하에 다시 없는 큰 도덕이 이 나라에 건설되는 줄을 그대는 모르는가.]"
– 실시품 44장

제자들이 그 법을 받아서 후래 대중에게 전하는 일이나,

대종사님의 뒤를 따르는 제자들이 법을 배우고
'몸으로 실행하고 마음으로 증득하여' – 「전망품」18장 '후래 대중'에게 법을 전해야
그들을 바른길로 안내할 수 있습니다.
이런 교화 활동을 전개해야 '파란고해의 일체 생령'을

'광대무량한 낙원'으로 '인도'할 수 있습니다.

또 후래 대중이 그 법을 반가이 받들어 실행하는 일이

또한 이 법을 받은 대중들이 법대로 '실행'해야
'광대무량한 낙원'에서 낙원 생활을 할 수 있습니다.
그래야 '광대무량한 낙원'과 '참 문명 세계'를 건설할 수 있습니다.

삼위 일체三位一體되는 일이라, 그 공덕도 또한 다름이 없나니라.]

이 세 가지 중에 하나라도 빠진다면 공부의 목적과 보람을 얻을 수 없습니다.
세 가지 일이 하나로 통합되고 병진되어야 합니다.
대종사님의 뒤를 잇는 우리들이 해야 할 일을 분명하게 알려주시는 부촉 법문입니다.

나의 마음공부

- 나는 대종사님의 새로운 '법'의 가치와 소중함을 얼마나 느끼고 있나요?

- 나는 '그 법을 받아서 후래 대중에게 전하는 일'을 어떻게 하고 있나요?

- 나는 얼마나 '그 법을 반가이 받들어 실행'하고 있나요?

- 내가 '그 법을 반가이 받들어 실행'한 결과는 무엇인가요?

후기 後記

공부인들이 『대종경』을 좀 더 쉽게 접하면 좋겠다는 생각,
자습하는 데 도움이 되는 학습 참고서를 만들자는 생각,
법문을 여러 번 곱씹어보게 하자는 생각,
자문자답하면서 삶을 반조하면 좋겠다는 생각,
교무님, 단장님, 지도인들과 문답·감정할 거리를 제공하면 좋겠다는 생각,
풀이는 본문의 의미를 드러내는 정도로 하자는 생각…,
이런 생각으로 집필을 시작했습니다.

하지만 쓰기 시작하자마자 말할 수 없는 부담감이 엄습했습니다.
글에 개인적인 관점이 들어가지 않을 수 없었기 때문입니다.
주세불 소태산 대종사님의 말씀에 토를 다는 것 자체가 무리였습니다.
'큰 후회로 남을 수도 있겠다.'라는 느낌을 떨치지 못하고 1년 반을 달려왔습니다.
중생은 자신이 무슨 업을 짓는지도 모르면서 업을 짓는다죠.
제가 무슨 업을 지었는지, 이 업이 또 무슨 업을 낳을지 잘 모르겠습니다.

소태산 대종사님의 『정전』, 『대종경』은 인류의 빛나는 유산입니다.
시간이 갈수록 찾는 사람들이 많아질 것입니다.
늦게서야 읽은 것을 후회하는 사람들도 많아질 것입니다.
아마도 그들이 더 깊이 느끼고 연구하며 『대종경』 문화를 꽃피울 것입니다.

이 책이 세상에 나오기까지 입은 은혜가 참 많습니다.
15권의 편집디자인을 맡아준 '토음디자인'의 박유성님,
실무를 총괄해준 소태산 마음학교 양영인 교무님과 장은서 국장님,
유통을 맡아준 '도서출판 마음공부'의 박인수님,
인쇄를 맡아준 '㈜문덕인쇄'의 최기준님,
그리고 짬을 내서 교정해준 소예원 정토에게 감사의 마음을 전합니다.
특히 출판비를 후원해주신 후원자 여러분의 은혜에 감사합니다.

멋모르고 출가한 청년에게 공부길을 잡아주신 법타원 김이현 스승님을 비롯해서
상하좌우에서 이끌어주시고 합력해주신 선진님들과 선후배 동지님들께 깊이
감사합니다.
이분들께 누가 되지 않을까 걱정입니다.
부족하고 잘못된 부분들은 힘닿는 대로 수정 보완하도록 유념하겠습니다.
독자분들의 경책과 도움을 삼가 부탁드립니다.

이생에 『대종경』을 읽을 수 있도록 크신 은혜를 베풀어주신
원각성존 소태산 대종사님과 법신불 사은전에 무한한 감사의 마음을 올립니다.

원기109년(서기2024년) 4월 15일 최정풍 교무 합장.

「대종경」 15품의 주요 내용

제 1 서   품 : 원불교 창립 목적과 배경, 주요 과정 및 불교 혁신의 내용 등 소태산 사상의 서설적 법문.

제 2 교의품 : 원불교의 신앙·수행 교리 전반에 관한 법문.

제 3 수행품 : 원불교 수행법 이해와 실행에 관한 다양한 법문.

제 4 인도품 : 도덕의 이해와 실천에 관한 원론적 법문과 다양한 응용 법문.

제 5 인과품 : 인과보응의 이치에 대한 다양한 해석 사례와 응용 법문.

제 6 변의품 : 교리에 관련된 다양한 의문들에 관한 응답 법문.

제 7 성리품 : 성품의 원리와 깨달음, 견성 성불 및 성리문답에 관한 법문.

제 8 불지품 : 부처님의 경지와 심법, 자비방편에 관한 법문.

제 9 천도품 : 생사의 원리와 윤회·해탈, 영혼 천도에 관한 법문.

제 10 신성품 : 신앙인의 믿음과 태도에 관한 법문.

제 11 요훈품 : 인생길과 공부길을 안내하는 짧은 격언 형태의 법문.

제 12 실시품 : 다양한 경계에 응한 대종사의 용심법에 관한 법문.

제 13 교단품 : 원불교 교단의 의의와 운영, 발전 방안 및 미래 구상에 관한 법문.

제 14 전망품 : 사회·국가·세계, 종교, 문명, 교단의 미래에 관한 예언적 법문.

제 15 부촉품 : 대종사가 열반을 앞두고 제자들에게 남긴 부탁과 맡김의 법문.

부족품

소태산 대종경 마음공부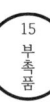

발행일 | 원기109년(2024년) 4월 15일
편저자 | 최정풍

디자인 | 토음디자인
인쇄 | ㈜문덕인쇄

펴낸곳 | 도서출판 마음공부
출판등록 | 2014년 4월 4일 제2022-000003호
주소 | 전북 익산시 익산대로 463, 3층
전화 | 070-7011-2392
ISBN | 979-11-986562-6-1
값 | 12,000원

도서출판 마음공부는 소태산마음학교를 후원합니다.
후원계좌 : 농협 301-0172-5652-11 (예금주: 소태산마음학교)